교실의 탄생

: 교실 심리학에 초대합니다

교실의 탄생 : 교실 심리학에 초대합니다
(행복한 교육을 만드는 교사의 회복탄력성)

[행복한 교과서®] 시리즈 No. 61

지은이 ㅣ 류선희
발행인 ㅣ 홍종남

2023년 9월 21일 1판 1쇄 인쇄
2023년 9월 28일 1판 1쇄 발행

이 책을 만든 사람들
기획 ㅣ 홍종남
북 디자인 ㅣ 김효정
교정 교열 ㅣ 이흥림
출판 마케팅 ㅣ 김경아
제목 ㅣ 구산책이름연구소

이 책을 함께 만든 사람들
종이 ㅣ 제이피씨 정동수 · 정충엽
제작 및 인쇄 ㅣ 천일문화사 유재상

펴낸곳 ㅣ 행복한미래
출판등록 ㅣ 2011년 4월 5일. 제 399-2011-000013호
주소 ㅣ 경기도 남양주시 도농로 34, 301동 301호(다산동, 플루리움)
전화 ㅣ 02-337-8958 팩스 ㅣ 031-556-8951
홈페이지 ㅣ www.bookeditor.co.kr
도서 문의(출판사 e-mail) ㅣ ahasaram@hanmail.net
내용 문의(지은이 e-mail) ㅣ jbkky2k@gmail.com
※ 이 책을 읽다가 궁금한 점이 있을 때는 지은이 e-mail을 이용해 주세요.

ⓒ 류선희, 2023
ISBN 979-11-86463-69-7
〈행복한미래〉 도서 번호 100

교실의 탄생

: 교실 심리학에 초대합니다

| 류선희 지음 |

행복한미래

무슨 생각일까?

어른들은 가끔 아이들의 행동을 이해할 수 없어 답답할 때가 있습니다. 가령 마트의 장난감 판매대에서 떼쓰는 아이를 달래느라 진땀을 빼거나, 식당에서 밥투정 부리는 아이 때문에 곤욕을 치른 경험이 한 번쯤은 있을 것입니다. 물론 아직 어리기 때문에 상황을 통제하기 어려운 건 사실입니다. 하지만 어떤 생각을 가지고 그런 행동을 하는지 알아야 하지 않을까요?

아이들은 아무 생각 없이 산다는 말도 있습니다. 정말 그럴까요? 만약 그렇다면 걱정할 필요가 전혀 없을 겁니다. 그냥 내버려두면 알아서 잘 클 테니까요. 하지만 그렇지 않습니다. 교실에서 아이들과 함께 생

활하는 지금에 와서 돌이켜보니 미처 신경 쓰지 못했던, 몰랐던 진실이 숨어 있었다는 걸 깨달았습니다. 그것은 바로 아이들도 나름의 고민과 고충이 있다는 사실입니다. 어쩌면 지금 어른들의 어릴 적보다 더 힘들고 어려운 상황에 놓여 있을지도 모릅니다. 이제부터라도 좀 더 세심하게 살펴봐야겠습니다. 심리학을 통해 교실에서 아이들이 어떤 생각으로 행동하는지 바라보고, 혹시라도 상처받고 힘들어하는 아이들은 없는지 살펴보고 보듬어줘야겠습니다.

학교 수업 현장에서는 다양한 아이들이 다양한 일들을 벌이곤 합니다. 선생님 말씀에 집중하지 않는 아이, 친구에게 장난치는 아이, 딴짓

하는 아이 등 각양각색입니다. 물론 모든 행동에는 다 그만한 이유가 있기 마련입니다. 하지만 때로는 도무지 이해되지 않는 행동을 하기도 합니다. 도대체 무슨 생각을 하는 걸까? 혹시 나한테 불만이 있는 건 아닐까? 고민이 되지만, 직접 물어본다고 해서 속 시원한 답을 들을 수 있는 것도 아니었습니다.

우리는 모두 학교생활을 통해 수많은 사람을 만나왔습니다. 학생일 때는 선생님과의 관계 속에서 가르침을 받았고, 성인이 되어서는 직장 상사 및 동료와의 관계 속에서 사회화 과정을 겪으며 성장하였습니다. 이렇듯 인간관계는 인생 전반에 걸쳐 중요한 요소라고 할 수 있는데, 이러한 인간관계 형성에 큰 영향을 미치는 요인은 무엇일까요? 바로 '심리'입니다. 교실에서 아이들과 만나며 아이들의 심리는 어떠한 방식으로 작용하고 있을까 궁금했습니다. 그리고 제가 평소 궁금해하던 부분을 공부하면 좋겠다는 생각이 들었고, 결국 책까지 쓰게 되었습니다.

부족한 제 글이 세상에 나오게 되어 정말 기쁩니다. 아이들과 아이들의 심리에 관심 있는 분들에게 조금이나마 도움이 되었으면 좋겠습니다. 그리고 책 쓴다고 밤마다 컴퓨터 앞에 앉아 있던 저를 대신해 선명, 소명 두 아들을 돌보느라 고생 많았던 아내 이미영에게 고맙고 미안하고 사랑한다는 말을 전합니다.

차례

1부
아이들의 성장을 위한 심리학

2부
교실 속 배움을 위한 심리학

3부

또래 관계를 위한 심리학

4부
교실 속 일상을 위한 심리학

아이들의 성장을 위한
심리학

잘하니까 재밌는 거 아닌가요?

– 강화

처음으로 집에 컴퓨터가 생기기 전까지, 제가 어렸을 때 즐겨 했던 놀이는 종이접기, 장난감 조립하기, 딱지치기, 구슬치기, 공기놀이 등이었습니다. 물론 친구들과 함께 어울려 놀기도 했지만 혼자서도 곧잘 하곤 했습니다. 그러다가 심심해지면 TV 만화영화를 보거나 만화책을 읽었습니다. 《드래곤볼》, 《짱구는 못 말려》, 《검정 고무신》을 재미있게 봤던 기억이 지금도 생생합니다.

친구 집에 놀러 가면 게임을 하는 친구 옆에서 구경만 해도 즐거웠던 기억이 있습니다. 함께 오락실에서 '스트리트 파이터 2'라는 게임을 하기도 했습니다. 그러다가 초등학교 4학년 때 처음으로 집에 컴퓨터가 생겼고, 그 이후로는 컴퓨터 게임을 즐겼습니다. 새벽에 스피커도 꺼둔 채 거실에서 몰래 조용히 '스타크래프트'를 즐기기도 했습니다. 돌이켜보면 저의 유년 시절은 온통 게임으로 가득 차 있었다고 해도 과언이 아닙니다. 아마 웬만한 남자아이들은 비슷하게 지내지 않았을까요?

아무튼 그렇게 오랫동안 꾸준히 게임을 접해서 그런지, 세월이 흘러 성인이 되어서도 게임을 계속 하고 있습니다. 물론 결혼을 하고 자녀를 키우면서 자연스럽게 게임과 멀어진 시기도 있었지만, 손에서 완전히 놓은 적은 없었습니다. 컴퓨터에서 스마트폰으로, 게임을 하는 방법이 달라졌을 뿐입니다.

저는 게임을 좋아하고 즐기는 사람이지만 걱정스러운 마음이 없는 것도 아닙니다. 자리를 잡고 해야 하는 PC 게임보다 장소 불문하고 어디서든 즐길 수 있는 스마트폰 게임의 장점은 도리어 게임에 무분별하게 노출되는 것이 아닌지 염려하게 만들었습니다. 부디 올바른 방향으로 잘 활용했으면 하는 바람입니다.

게임을 좋아하는 아이들은 공감하겠지만, 게임만큼 재미있는 놀이도 없습니다. 물론 공부나 운동같이 생산적인 일과는 거리가 멀지만 적어도 그 아이들에게는 그렇습니다. 솔직히 말하면 저도 한때는 게임 중독 증상을 보인 적이 있었습니다. 오죽하면 밥 먹는 시간조차 아까울 정도였으니 말입니다. 지금이야 예전보다는 덜하지만, 여전히 여가 시간엔 주로 게임을 즐기고 있습니다. 그리고 가끔 자신에게 물어보기도 합니다. 대체 뭐가 그리 재밌냐고. 그때마다 제 대답은 한결같습니다. 그냥 재밌어서 한다고. 딱히 특별한 이유는 없다고. 그저 즐거우니까 계속 하게 된다고.

아마 저와 비슷한 경험을 해본 사람들이 적지 않을 것입니다. 게임을 좋아하는 아이들도 같은 이유일 거라고 생각합니다. 그럼 이쯤에서 궁금증이 생깁니다. 도대체 게임에는 무슨 매력이 있길래 이토록 빠져들게 되는 걸까요? 이러이러한 게 매력이라고 말하기보다는 직접 해보시라고 말씀드리고 싶습니다. 아마도 그건 직접 해보고 겪어보지 않으면 모를 것입니다.

사실 게임을 좋아하는 자녀를 둔 부모님들은 애가 탑니다. 자녀 교육에서 부모님들이 가장 고민하는 부분 중 하나가 바로 스마트폰 사용 여부입니다. 아직 성장기에 있는 아이들에게 전자 기기는 득보다 실이 많다는 인식이 지배적이기 때문입니다. 물론 틀린 말은 아닙니다. 장시간 화면을 들여다볼 경우 시력 저하 및 안구 건조증 유발 위험이 높고, 거북목 증후군 발병 확률도 높아집니다. 나아가 중독 증상으로까지 이어질 수 있으니 주의해야 합니다.

그럼에도 여전히 찬반 여론이 팽팽히 맞서고 있는데, 개인적으로 제 의견은 찬성 쪽에 가깝습니다. 단, 전제 조건이 붙습니다. 올바른 사용법을 알려주고 통제 능력을 길러줘야 한다는 것입니다. 그래야 부작용을 최소화할 수 있기 때문입니다. 만약 무작정 금지하기만 한다면 반발심만 커질 뿐입니다. 실제로 스마트폰 사용, 그리고 모든 게임을 금지하면 난리가 날 수 있습니다. 특히 친구들과 함께 게임을 즐기던 아이는 자기 혼자 왕따를 당하는 기분이 들 수도 있습니다. 따라서 가정 내 규칙을 정하고, 일정 시간만 허용하는 방식으로 지도하는 편이 바람직합니다. 이때 유의할 점은 반드시 약속을 지켜야 한다는 것입니다. 지키지 못할 약속은 애초에 하지 않는 게 좋습니다. 그리고 가급적 혼자 두지 말고 함께 놀아주는 게 좋습니다. 그러면 자연스럽게 대화 기회가 많아지고 공감대도 형성될 테니 말입니다.

사람은 어떤 행동에 만족을 느끼면 그 행동을 더 많이 합니다. 아이들은 PC방에 가면 즐겁기 때문에 PC방에 가고, 자전거를 타면 즐겁기 때문에 자전거를 탑니다. 즐거우니까 만족합니다. 그렇게 자신이 원하는 결과를 얻기 때문에 그 행동을 반복합니다. 이것을 '강화'라고 합니다.

강화는 '정적 강화'와 '부적 강화' 두 가지로 구분됩니다. 정적 강화는 좋아하는 것을 제공하여 행동 빈도를 늘리는 것입니다. 운동장에서 놀다가 쓰레기를 주워온 아이에게 사탕을 주면 다음에도 쓰레기를 자주 주워오는 경우입니다. 반대로 부적 강화는 싫어하는 것을 제거함으로써 행동 빈도를 늘리는 것입니다. 쓰레기통 주변에서 놀다가 쓰레기통을 넘어뜨려 다시 주워 담은 경험을 한 아이가 놀 때마다 쓰레기통 주변을 피하는 경우입니다.

다른 구분 방법도 있습니다. 얼마나 자주 주어지는지에 따라 '계속적 강화'와 '간헐적 강화'로도 구분할 수 있습니다. 용돈으로 예를 들어 보겠습니다. 심부름을 할 때마다 용돈을 주는 경우가 계속적 강화입니다. 계속적 강화는 어떤 반응이 있을 때마다 강화물이 제공됩니다. 이와 달리 간헐적 강화는 일정한 시간 간격을 두거나 행동을 얼마나 하느냐에 따라 가끔 강화물이 제공됩니다. 간헐적 강화는 다시 고정간격계획, 변동간격계획, 고정비율계획, 변동비율계획으로 구분할 수 있습니다. 용돈으로 예를 들어보면 매주 월요일마다 용돈을 주면 고정간격계획, 이번 주는 월요일, 다음 주는 수요일, 그다음 주는 토요일 등 일정하지 않은 시간에 용돈을 주면 변동간격계획, 심부름을 다섯 번 할 때마다 용돈을 주면 고정비율계획, 첫 심부름 후 용돈을 주고 네 번째 심부름, 다시 다섯 번째 심부름에 용돈을 주면 변동비율계획입니다. 강화가 지속되는 효과는 고정보다 변동계획이 높습니다. 변동계획 중에서도 시간 간격보다는 행동비율의 강화 효과가 더 높습니다.

만족할 만한 반응이 있었기 때문에 빈도가 늘어난 것일 뿐 강화 자체에는 옳고 그름이 없습니다. 하지만 만족을 일으킨 행동에는 옳고 그름이 있습니다. 다른 사람을 도와주고 만족을 얻어서 다시 여러 사람에게 도움을 줬다면 좋은 강화라고 말할 수 있습니다. 반대로 나쁜 강화도 있습니다. 도박으로 돈을 따는 행위도 만족감을 줍니다. 그래서 다시 도박을 하게 됩니다. 하지만 도박을 할 때마다 돈을 따는 것은 아닙니다. 돈을 딸 때도 있고 잃을 때도 있습니다. 언제 돈을 딸지 모르지만 따게 되면 매우 큰 만족감을 얻습니다. 도박은 가장 강화 효과가 강한 변동비율계획의 대표적인 예입니다.

심리학에서는 인간의 동기부여 과정을 설명할 때 '만족−진행 모형'이라는 용어를 사용합니다. 쉽게 말해 어떠한 행동에 만족을 느끼게 되면 계속해서 그 행동을 하게 된다는 이론입니다. 가령 다이어트를 결심한 사람이 있다고 칩시다. 만약 살이 점점 빠지며 날씬하게 변해가는 몸매를 보게 된다면 다이어트를 지속하겠지만, 반대로 아무리 노력해도 살이 빠지지 않으면 의욕이 떨어져 다이어트를 그만둘 확률이 높습니다. 공부를 잘하고 싶은 학생에게는 성적이 오르면 얻을 수 있는 보상을 제시하면 됩니다. 그러면 학습 능률이 올라 좋은 성과를 거둘 수 있을 것입니다.

나는 할 수 없어

— 학습된 무기력

공부 좀 한다는 아이들치고 수학과 영어를 못하는 학생을 거의 본 적이 없습니다. 예외는 있겠지만 대개 성적이 좋은 학생일수록 두 과목을 좋아합니다. 그와 반대로 공부를 어려워하는 아이들은 특히 수학과 영어를 힘들어합니다. 수학을 포기한 자 수포자와, 영어를 포기한 자 영포자란 말까지 등장했습니다. 수학과 영어, 이 두 과목은 입시에 큰 영향을 주는 과목이기 때문에 다른 과목에 비해 많은 관심을 받고 있습니다. 특히 영어는 입시뿐만 아니라 취업에도 큰 영향을 줍니다.

수학은 다른 과목에 비해 위계성이 큰 과목입니다. 그렇기 때문에 수학을 잘하기 위해서는 평소에 꾸준히 공부해야 합니다. 학년이 올라갈수록 개념들은 복잡해지고, 낯설게 변합니다. 꾸준히 공부하지 않으면 낯선 개념에 겁을 먹게 됩니다. 영어도 마찬가지입니다. 영어를 포함한 모든 언어는 사용하면 할수록 실력이 늘기 때문에 꾸준히 학습해야 합니다. 결국 두 과목 모두 꾸준히 하지 않으면 실력을 키우기 어려운 과목이란 것을 알았으니, 잘하기 위해선 꾸준히 공부해야 합니다.

그런데 수학과 영어를 어려워하는 아이들에게 "꾸준히 하면 된다!"라고 말하면 쉬워질까요? 정말 그렇게 말처럼 쉬웠으면 좋겠지만, 전혀 그렇지 않을 겁니다. 수학, 영어뿐만 아니라 다른 과목도 마찬가지입니다. 어려워한다는 것은 이미 실패를 많이 경험했다는 말입니다. 실패가 반복될수록 기대는 떨어지고, 무기력해지기 마련입니다. 자연스레 계속 하고 싶은 동기는 사라지고 '꾸준히' 하면 된다는 조언은 실패에 익숙한 사람에겐 의미 없는 조언이 되고 맙니다.

살면서 어려운 일을 겪지 않는 사람은 없습니다. 다만 그것을 대하는 태도가 다를 뿐입니다. 누군가는 어려움을 마주하면 회피하려 하고, 또 다른 누군가는 정면 돌파를 선택합니다. 전자가 소극적이고 수동적인 자세라면, 후자는 진취적이고 능동적인 자세라고 볼 수 있습니다. 물론 둘 중 누가 옳고 그르다고 단정 지을 수는 없습니다. 각자 장단점이 있기 때문입니다. 따라서 상황에 맞게 유연하게 대처하는 능력이 필요합니다.

이때 명심해야 할 사항이 있습니다. 그건 바로 내가 어렵다고 느낀다면 남들도 똑같이 어렵다는 사실입니다. 바꿔 말하면 나만 힘든 게 아니니, 조금만 더 힘을 내면 된다는 소리입니다. 그러면 분명 좋은 결과가 기다리고 있을 것입니다.

꾸준하기 위해선 성공의 경험이 필요합니다. 성공은 강력한 동기입니다. 어려운 문제 하나를 풀어내는 것도 성공입니다. 어제는 세 문제 틀렸지만 오늘은 두 문제를 틀렸다면, 그것도 성공입니다. 사실 학습에 어려움을 겪는 아이들도 마냥 실패만 하는 것은 아닙니다. 그 안에는 작은 성공들이 숨어 있습니다. 하지만 우리는 그 작은 성공들을 볼 수 있도록 해주지 못했습니다. '70점은 넘겨야 해.', '이건 다 외워야 해.' 등 성공의 기준을 정하고, 거기에 미치지 못하면 실패로 취급했습니다. 55점에서 65점이 되면 성공 아닌가요? 성공을 이루었던 순간에도 실패한 경험만을 겪을 수밖에 없었기 때문에 아이들의 어려움이 커지지는 않았을까 반성하게 됩니다. 성공할 수 있는 능력을 충분히 갖춘 아이들을 기다려주지 못하고 미리 성공의 기준을 정했던 제 모습들이 떠올라 부끄럽습니다.

실패의 무서운 점은 자신은 아무것도 할 수 없다는 생각을 심어주게 된다는 것입니다. 이러한 생각에 파묻히면 아무것도 하지 않게 됩니다. 그리고 반복되는 실패는 사람을 무기력하게 만듭니다. 어려운 과목이 있으면 더 공부하는 것이 아니라 어차피 따라잡지 못할 거란 생각에 그냥 포기해 버리고 맙니다. 사실 무언가를 포기했다고 해서 그 순간이 고통스럽지 않은 것은 아닙니다. 그렇지만 반복되는 실패 때문에 고통스러운 그 상황을 벗어나려는 노력을 하지 않고 어느새 받아들이게 된 것입니다. 실패 끝에 무기력을 '학습'한 것입니다.

살다 보면 누구나 크고 작은 실패를 경험하게 됩니다. 물론 때로는 좌절하기도 하고 낙담하기도 하겠지만, 그것만으로 끝난다면 그나마 다행입니다. 만약 그로 인해 부정적인 사고방식이 형성된다면 상황은 심각해집니다. 이른바 패배주의자가 될 수 있기 때문입니다. 심지어 자기비하에 빠져 우울증에 걸리는 사례도 적지 않습니다. 따라서 실패했을 때일수록 긍정적인 마음을 유지해야 합니다. 그래야만 다음 단계로 나아갈 수 있습니다.

이때 필요한 마음가짐이 바로 '실패는 성공의 어머니'라는 격언입니다. 실패는 분명 쓰라린 아픔이지만 동시에 성장의 밑거름이 된다는 장점도 있습니다. 그러므로 실패 자체를 두려워해선 안 됩니다. 지금의 실패를 계기로 부족한 점을 보완하고 개선하면 그만입니다. 그러면 훗날 반드시 좋은 결과를 얻을 수 있을 것입니다.

자신의 능력을 믿지 못하고 아무것도 하지 않는 아이들이 있습니다. 언제부터였을지도 모를 실패의 경험들이 그 아이들을 무기력하게 만들었을 겁니다. 하지만 어떤 포기의 순간에도 다시 할 수 있는 기회는 있습니다. 포기는 끝이 아닙니다. 고통스러운 그 상황을 벗어나기 위해선 성공을 경험해야 합니다. 단번에 많은 것을 이뤄낼 수는 없습니다. 작은 성공의 기쁨을 통해 실패의 껍질을 하나씩 벗겨나가야 합니다.

내 안에서 끓어오르는
— 동기

저는 아이들에게 일기를 써오라고 하거나 일기 검사를 하겠다고 한 적이 거의 없습니다. 그래서 우리 반 아이들은 때때로 일기를 써야 하는 다른 반 아이들에게 부러움의 대상이 되곤 합니다. "쌤 반은 일기 안 써요? 완전 부럽다!" 우리 반 아이들은 그런 말을 들으면 아주 만족스러운 표정을 짓곤 했습니다.

제가 학생이었을 때를 생각해 보면 그때는 일기 쓰기가 늘 숙제였습니다. 일기 쓰기를 깜빡한 날에는 종종 쉬는 시간을 활용해 부랴부랴 썼던 기억도 납니다. 또 열심히 썼는데 일기장을 챙기지 않은 날은 혼나면서도 참 억울했습니다. 선생님께서는 일기장을 검사하고 도장을 찍어주시거나, 몇 마디 이야기를 써주셨습니다. 검사가 끝난 일기장을 펼쳐보며 혹시 오늘은 어떤 글을 적어주셨나 두근거리던 추억도 있습니다.

예나 지금이나 이렇게 일기는 교사와 학생의 중요한 의사소통 수단입니다. 한 반에 40명 가까운 학생들이 있던 시절에는 하루에 이름 한 번 제대로 불리지 못하고 하교하던 날도 있었습니다. 그런 날에도 일기장 밑에 적어주시던 짧은 글은 선생님과 저를 이어주었습니다. 말로 하기엔 왠지 부끄러운 말들도 글을 쓰면 전할 수 있습니다. 부끄러움엔 교사, 학생이 따로 없습니다.

그런 추억이 있으면서도 교사가 된 제가 일기 검사를 하지 않는 이유는 사생활 침해 우려가 있기 때문입니다. 많든 적든, 일기장에는 자신의 이야기가 들어가게 됩니다. 그중에는 자랑할 만한 일도 있고, 감추고 싶은 것도 있습니다. 어떻든 개인적인 비밀을 적어둔 일기를 공개해야 하는 것은 부당합니다. 그럴 만한 일을 안 적으면 되는 게 아니냐고 되묻는다면 이렇게 대답하고 싶습니다.

"그럴 거라면 일기를 왜 써야 하나요?"

공개할 수 있는 내용들만 골라 적는 일기는 진정한 의미의 일기가 아니라고 생각합니다. 검사를 받기 위해, 남을 의식해서 쓰는 일기에 자기감정을 솔직하게 표현할 수 있을까요? 내 안의 슬픔, 잘못, 후회, 고통 등의 감정을 글을 씀으로써 풀어가는 과정을 겪을 수 있을까요?

제가 생각하는 일기는 스스로에게 가장 솔직하고 정직한 글입니다. 검사를 목적으로 하는 일기에는 감춰야 하는 것들이 생길 수밖에 없고, 그래서 정직하기 어렵습니다. 그저 글쓰기 숙제가 될 뿐입니다. 그리고 아직 어리고 미숙한 아이들은 누군가로부터 평가받는다는 사실 자체만으로도 부담스럽고 두려울 수밖에 없습니다. 만약 정말 필요하다면 차라리 자율적으로 쓰게 내버려두는 편이 좋지 않을까요? 일기는 누가 시켰거나 보상이 주어지기 때문이 아니라 스스로를 돌아보고 감정을 풀어내기 위해 써야 합니다. 실제로 일기 쓰기 과제를 내지 않았지만 스스로 일기를 쓰던 아이들이 있었습니다.

"일기 쓰는 게 재밌어? 선생님은 일기 쓰는 사람들을 보면 되게 신기하더라. 나는 일기 쓰는 게 재미없거든."

"그냥 쓰면 재밌어요. 꾸미는 것도 재밌고요."

아이들의 대답은 단순 명쾌합니다. 재밌으니까 하는 겁니다. 아이들의 대답은 저를 부끄럽게 만들었습니다. 그동안 너무 거창한 의미만 부여하고 있었습니다. 사실 재미가 중요한데 말이죠.

우리가 하는 행동에는 동기가 있습니다. 그 행동에 관심이 있고 재밌어서, 또는 그 행동을 통해 생기는 결과물이 그런 동기가 될 수 있습니다. 행동 자체에 대한 흥미와 즐거움 때문에 하고 싶어지는 마음이 생기는 것을 '내재적 동기'라고 합니다. 반면 행동을 통해 생기는 결과물에 관심을 가지는 것을 '외재적 동기'라고 합니다. 재미있어서 스스로 일기를 쓰던 아이들은 내재적 동기에 따라 행동한 것이지요. 일기 쓰기 자체가 주는 즐거움 때문에 행동하는 아이들은 다른 사람들의 인정이나 관심, 물질적 보상에 쉽게 흔들리지 않습니다. 그런 것들을 필요로 하지도 않습니다. 좋아하는 행동을 하는 것에는 조건이 붙지 않습니다. 그저 하는 것만으로도 행복하니까요. 반대로 하기 싫거나 관심 없거나 재미없는 것을 해야 할 때는 조건이 붙습니다. 조건이 맞지 않다면 지속할 이유가, 행동할 이유가 없습니다.

더 강한 동기는 당연히 내재적 동기이며, 즐기는 자를 이길 수 있는 이는 없습니다. 외부에서 주어지는 보상은 불확실합니다. 늘 인정받을 수도 없고 행복을 보장하지도 못합니다. 하지만 자신에게 재밌는 일은 질리지 않고 언제나 즐겁습니다. 그런데 외부적 보상이 내재적 동기보다 더 강력하게 행동을 유발하는 상황도 있습니다. 바로 SNS입니다. SNS의 '좋아요'나 댓글은 즉각적인 보상을 제공합니다. 이는 사람들에게 일시적인 만족과 행복감을 주며, SNS를 계속 사용하게 만듭니다. 이렇게 되면 내재적 동기보다는 외부적 보상에 의존하는 행동이 강화될 수 있고 지속적으로 SNS의 외부적 보상에 의존하게 되면 자신의 흥미나 가치에 따른 행동을 하기 어려워집니다.

인간은 사회적 동물이기 때문에 타인으로부터 인정받고 싶어 하고, 끊임없이 누군가와 비교하려는 욕구가 있습니다. 물론 적당한 비교는 동기 부여 및 자극제가 되기도 합니다.

SNS상에서는 타인의 소식을 쉽게 접할 수 있습니다. 그렇다 보니 자연스럽게 나와 남을 비교하게 됩니다. 나보다 잘 사는 사람에게는 열등감을 느끼고, 내가 못 산다고 느끼면 우울해집니다. 물론 인간이기에 어쩔 수 없는 감정이지만 도가 지나치면 독이 되기 마련입니다.

정신의학 전문가들은 지나친 비교의식이야말로 현대인들의 마음속 병을 유발하는 주범이라고 말합니다. 과도한 경쟁 사회의 분위기 탓에 상대적 박탈감을 느끼는 사람들이 많기 때문입니다. 심지어 이로 인해 극단적인 선택을 하는 사례도 적지 않습니다. 이처럼 남과 비교하는 것은 불행의 시작이며, 행복의 비결은 비교를 모르는 것입니다. 그래도 비교하면 좋은 것이 하나 있습니다. 바로 이것입니다.

"오늘의 나는 어제의 나보다 더 나은가."

할 수 있다, 할 수 있다!
– 자기효능감

바야흐로 다이어트 전성시대입니다. 남녀노소를 불문하고 체중 감량에 대한 관심이 뜨겁습니다. TV에서는 연일 연예인들의 몸매 관리 비법이 소개되고, SNS상에서는 각종 다이어트 식단 및 운동법이 공유됩니다. 물론 비만은 만병의 근원이므로 적정 체중을 유지하는 것은 중요합니다. 다만 무리한 다이어트는 자칫 건강을 해칠 수 있으므로 주의해야 합니다. 극단적인 식이요법보다는 균형 잡힌 식사와 꾸준한 운동을 병행하는 게 바람직합니다. 아울러 단기간에 살을 빼겠다는 욕심보다, 장기적인 관점에서 접근하는 자세가 필요합니다. 그래야 요요현상없이 건강한 신체를 유지할 수 있기 때문입니다.

요즘은 다이어트에 관심을 가지지 않은 사람을 찾기 어려울 정도이지만, 잘 아시다시피 다이어트는 절대 쉬운 일이 아닙니다. 건강 때문에, 외모 때문에 다이어트를 해야겠다는 생각은 다들 하지만, 시작하는 것이나 유지하는 것 모두 쉽지 않습니다. 게다가 만병의 근원이라는 비만과 스트레스는 슬프게도 가까운 관계처럼 보입니다. 살을 빼야 한다는 압박, 쉽지 않은 감량, 거기에 따른 스트레스, 그에 따른 호르몬 분비에 의한 식욕 증가. '덜 먹고 더 움직이라'는 단순하고 확실한 방법이 있지만, 문제는 지속하기 어렵다는 것입니다.

한 학교에서 3~4년을 근무하다 보면 아이들이 성장하는 모습을 관찰할 수 있습니다. 몸도 크고 마음도 크는 것을 보면 대견하기도 하지만, 한편으론 걱정도 많습니다. 키와 몸무게는 당연히 늘어나는 것이지만, 몸무게가 유독 늘어났다는 점이 걱정입니다. 그런 아이들이 급식 먹는 것을 보면 어지간한 성인보다 많이 먹습니다. 수북이 담은 탕수육을 보면 적당히 먹는 것이 좋겠다는 말이 목구멍까지 넘어오지만, 꿀꺽 삼키고 맙니다. 먹는 걸로 뭐라 하지 마라, 살쪄도 나중에 크면 다 키로 간다, 그러니 더 먹어라, 하시던 어른들 말씀이 생각납니다. 그런데 제가 어느덧 두 아이의 아빠가 된 지금, 그때 쪘던 살들은 아직 키로 가지 않았습니다. 아직 더 커야 하는지도 모르겠습니다.

비만에 따른 질병도 문제지만, 비만이 마음에 상처를 낼까 걱정되기도 합니다. 5, 6학년이 되면 아이들은 사춘기에 접어듭니다. 조금 더 빨리 사춘기가 시작되는 아이도 있습니다. 사춘기를 잘 넘기는 기준은 사람마다 다르겠지만, 저는 자존감에 상처가 나지 않는 것이 중요하다고 생각합니다. 성인이 되어 흔들리지 않는 삶을 살기 위해서는 단단한 자존감이 꼭 필요하기 때문입니다.

사춘기가 되면 이성에 관심이 많아지고, 평소보다 외모에도 신경을 쓰게 됩니다. 이성 교제 때문이 아니더라도, 세상 사람들 모두가 나를 보고 있다고 느끼기도 합니다. 어릴 때는 자기만족으로 충분했지만 이젠 타인의 눈으로 자신을 바라보고, 외모든 행동이든 스스로 납득할 수 있어야 합니다. 이때 비만이 심하면 스스로 자기 외모를 받아들이지 못하고, 남들도 자신을 좋아할 리 없다고 생각하기 쉽습니다. 신체에 가장 관심이 많은 시기에 신체 때문에 스트레스를 받는 상황 속에서 과연 건강한 사춘기를 보낼 수 있을까요.

이 시기는 성장기라서 무작정 굶으라고 할 수는 없습니다. 덜 먹을 수 없다면 더 움직여야 합니다. 아이들은 학교에서 대부분의 시간을 보냅니다. 하지만 시간과 공간의 제약 때문에 더 움직이는 것은 쉽지 않습니다.

그래서 저는 밖으로 나갔습니다. 점심 식사 후 쉬는 시간을 즐기고 5교시가 되면 학교 앞 마을 길을 걸었습니다. 걸으면서 이런저런 이야기를 나눴습니다. 같은 아이들이지만 교실과 학교를 넘어서면 또 다른 이야기가 나옵니다. 그렇게 40분을 걷고 오면 몸에 기분 좋은 열기가 느껴집니다. 땀이 나니 바람이 더 시원하게 느껴지고, 바람이 시원할수록 비만에서 한 걸음 멀어졌다는 느낌을 받습니다.

사실 매일 나갈 수는 없는 노릇이고, 그렇다 보니 아이들의 체중 감량이 극적으로 이루어지지는 않았습니다. 다만 제가 심어주고 싶었던 것은 작은 성공 경험이었습니다. 평소에 더 움직이면 살이 덜 찌거나, 빠진다는 경험 말입니다.

차근차근 단계적으로 작은 성공을 경험하다 보면 할 수 있다는 믿음이 생겨납니다. 이렇게 어떤 일에 대해 자신이 할 수 있다는 판단과 신념을 '자기효능감'이라고 합니다. 자기효능감이 높은 사람들은 어려운 상황에서도 포기하지 않고 꾸준히 도전합니다. 그리고 실패하더라도 크게 낙담하지 않습니다.

생각해 보면 다이어트에는 자기효능감이 크게 필요합니다. 매 순간 어려운 상황이 이어지고, 실패하기도 쉽습니다. 하지만 도전을 멈추면 목표를 이룰 수 없기에, 낙담하지 않고 적극적인 자세를 유지해야 합니다. 그렇게 하다 보면 점차 목표에 가까워집니다.

아이들은 살면서 수많은 과제에 맞닥뜨릴 것입니다. 자기효능감이 높으면 어려운 과제에도 적극적인 자세를 유지할 수 있습니다. 그렇게 결국에는 성공을 경험하게 되는 것입니다. 자기효능감을 키운다면 다이어트 같은 어려운 일도 결국에는 해낼 수 있습니다.

그렇다면 어떻게 해야 자기효능감을 키울 수 있을까요. 우선 작은 성공 경험을 쌓아야 합니다. 앞서 말한 것처럼 걷기를 통해 몸무게가 늘지 않거나 줄어든다면 작은 성공을 이룬 것입니다. 한꺼번에 너무 많은 것을 하기는 쉽지 않습니다. 현실적으로, 단기간에 이룰 수 있는 목표를 세워야 합니다. 하루 한 시간 걷기, 일주일에 0.5kg 감량하기, 한 달에 3kg 감량하기 등 현실적이고 이룰 수 있는 목표를 세워야 합니다.

　　주변에서 성공한 역할모델을 찾아보는 것도 좋습니다. 성공한 모델은 그 목표가 불가능하지 않다는 것을 증명합니다. 성공한 사람은 그냥 성공하지 않습니다. 목표를 이루기 위해 어떤 노력을 기울였는지 알아보고, 자신과 비교하면 부족한 게 무엇인지 알 수 있습니다. 성공한 사람과 주변 사람들에게 격려를 받는 것도 좋습니다. 주변에서 나를 응원해 준다면 포기하고 싶을 때도 다시 힘이 납니다. 같은 목표를 다른 사람들과 함께하는 것도 좋습니다. 같은 목표를 향해 달리면 지치고 힘들 때도 마음을 나눌 수 있습니다. 그렇게 어려움을 참고 극복하는 과정을 경험하면 자기효능감을 기를 수 있습니다.

이건 아무것도 아닐 거야
– 벽에 붙은 파리 효과

살다 보면 누구나 서러운 순간이 생기기 마련입니다. 사람마다 경험, 관점, 감정 등이 다르기 때문에 서러운 이유도 다양합니다. 집안이나 개인적인 문제 때문일 수도 있고, 이상적인 기대와 실제 사이의 불일치 때문일 수도 있습니다. 성적이나 친구 관계, 가족, 직장, 사회적 상황이나 경제 문제로 서러울 수도 있습니다.

아이들도 교실에서 서럽거나 절망하는 순간을 맞이합니다. 과제나 시험 성적이 낮을 때, 교사와 갈등이 있을 때, 불안한 가정환경으로 공부에 집중하기 어려울 때, 외모나 성격 또는 기술 등을 비교당할 때, 교실 상황에 적응하기 어려울 때 등 여러 가지 이유로 절망에 빠지게 됩니다. 그때마다, 개인마다 원인도 다르고, 원인을 찾고 극복하는 것도 쉽지 않습니다. 그래도 스트레스를 관리하는 방법을 배우면 도움이 될 수 있습니다.

스트레스를 관리하는 방법 중 하나는 바로 자신을 객관적으로 바라보는 것입니다. 3인칭 시점에서 자신을 바라본다면 상황을 객관적으로 파악할 수 있습니다. 게다가 좋지 않은 그 상황에서 긍정적인 면을 찾을 수도 있습니다. 자기 입장에만 몰두해 있으면 감정의 구렁텅이에서 빠져나올 수 없습니다. 힘들고 서럽고 절망적일지라도 이겨내야 합니다. '나'의 실패는 힘들고 서럽지만, '나라는 사람'의 실패는 그럴 수도 있는 일이 됩니다. 만약 내 실수 때문에 힘들고 괴롭다면 나라는 사람의 실수를 인정하면 됩니다.

우리는 실수를 저지른 사람이 실수에 대해 책임지기를 원합니다. 내가 내 실수를 인정하고 책임감을 갖는다면 실수를 수정하는 과정에서 교훈을 얻을 수 있습니다. 실수를 수정하는 과정에서 가장 중요한 것은 사과하는 것입니다. 나로 인해 상대방이 좋지 않은 영향을 받았다면 사과하는 것이 올바른 행동입니다.

이처럼 어떤 일에 실패하거나 좌절했을 때 자신의 상황을 3인칭 시점으로 바라보면 긍정적인 결과가 나타나는 현상을 '벽에 붙은 파리 효과'라고 합니다. 벽에 붙은 파리가 되어 자신을 바라보면 나를 힘들게 하는 그 일도 별것 아닌 것처럼 보이게 됩니다. 꼭 그렇게까지 힘들어할 필요가 있는지, 자신을 돌아볼 수 있습니다. 살다 보면 그런 일도 있으며, 다 지나가는 일일 뿐이라고 생각할 수 있습니다.

객관적 시선은 자신을 망가뜨리는 일과 맞닥뜨렸을 때에도 도움이 됩니다. 나를 망가뜨리는 일들은 대부분 큰 유혹에서 시작됩니다. 쉽고, 편하고, 즐거울 수 있지만, 옳지 않다고 여겨지고 가치관과도 맞지 않는 일이라면 해서는 안 됩니다. 우리는 잘못인 줄 알면서 잘못 행동할 때 망가집니다. 나를 객관적으로 바라본다면 스스로 그러한 사람이 되지 않도록 유혹을 이겨낼 수 있게 됩니다.

자신을 객관적으로 바라보라고 아이들에게 조언할 때 생각해 볼 수 있는 방법들이 있습니다. 첫째, 자신의 성적과 성취를 객관적인 측정 기준에 따라 평가하고, 자신의 강점과 약점을 인식하는 것입니다. 성적이 어느 정도 나오지 않는다고 해서 마냥 무너질 필요는 없습니다. 너무 높은 기준을 잡았거나 스스로를 너무 과소평가하는 것일 수도 있습니다. 내 실력과 위치를 파악한다면 절망보다는 더욱 발전할 수 있는 기회가 보일 것입니다.

둘째, 자신의 목표를 정하고, 이를 달성하기 위한 계획을 세우는 것입니다. 내가 이루고 싶고 이룰 수 있는 목표를 정하는 것부터가 자신을 객관적으로 바라보는 기회를 가지는 것입니다. 나를 먼저 알고 목표를 정하면 거기에 이르는 길도 보이기 마련입니다.

셋째, 자신의 행동과 결정을 객관적으로 평가하고, 이를 통해 자신을 발전시키는 것입니다. 행동 후에 어떤 결과가 일어났는지 평가하고, 이를 바탕으로 다음 행동을 결정할 수 있습니다. 그리고 어떤 행동을 선택해야 목표에 가장 가까운 결과를 가져오는지 확인해야 합니다.

좋은 일이 있으면 나쁜 일도 있습니다. 어쩌면 둘은 항상 함께하는 것인지도 모릅니다. 로또에 당첨되고 오히려 삶이 망가진다거나, 유명해지고 돈을 많이 벌었지만 자유가 사라질 수도 있습니다. 좋은 일은 이유 없이 찾아오지 않지만, 나쁜 일도 그렇습니다. 세상 일에는 일어날 만한 이유가 있을 겁니다. 그러므로 너무 절망하지 말고 자신을 객관적으로 바라보고 원인을 찾아 회복할 수 있기를 바랍니다.

아, 그, 그게, 저

– 설단현상

무언가를 알고 있으면서도 그것을 정확히 기억하지 못해, 입안에서 말이 맴돌다가 끝나버린 경험이 있을 겁니다. 예전에 봤던 영화나 들었던 노래의 제목, 또는 오랜만에 만난 사람의 이름을 떠올려야 할 때 정확히 기억나지 않아 말하지 못할 때가 있습니다. 분명히 알고 있는데 왜 말로 나오지 않는지 답답하기도 하고, 좌절감이 들 때도 있습니다.

교실에서도 이런 모습을 자주 볼 수 있습니다. 사각형의 종류에 대해 배우던 중이었습니다. 두 쌍의 마주 보는 변이 서로 평행한 사각형이 무엇일까 묻는 질문에 "평, 평, 아, 뭐더라 평 뭐였는데…"라며 머리를 쥐어뜯던 아이가 떠오릅니다. 평행사변형을 배웠으니 '평'이라는 말이 나왔을 거란 생각에 힌트를 살짝 주었습니다. "평행…" 그러자 아이가 책상을 손바닥으로 내리치며 답했습니다. "평행사변형! 아 맞다!" 작은 단서만 제공했을 뿐인데 금방 떠올리는 모습을 보니, 아이도 엄청 답답했겠구나 하는 생각이 들었습니다.

이렇게 알고 있지만 정확히 기억나지 않아서 말이 혀끝에서 맴돌다가 나오지 않는 현상을 '설단현상'이라고 합니다. 이런 설단현상만으로 기억을 잃었다거나 인지력이 떨어지고 있다고 말할 수는 없습니다. 이런 현상은 인간 기억의 정상적인 부분이라고 생각되며, 누구에게나 일어날 수 있는 일입니다. 잘 사용하지 않거나 제대로 기억하지 못한 것을 떠올려야 할 때, 긴장한 상태에 있을 때 자주 볼 수 있는 현상입니다. 특히 시험이나 면접을 볼 때면 생각은 나는 것 같은데 말로 나오지 않아 애를 태우기도 합니다. 설단현상은 정보가 기억되는 과정이나 기억에서 정보를 꺼내오는 과정에 문제가 생겨서 발생하는 것으로 보고 있습니다.

설단현상은 누구에게나 나타날 수 있는 흔한 현상이지만 몇 가지 문제를 일으킬 수도 있습니다. 첫째, 내가 아는 정보가 중요하게 여겨지는 상황에서 설단현상이 나타나면 좌절과 불안을 일으킬 수 있습니다. 둘째, 내 의견을 표현하는 데 필요한 정보를 사용할 수 없어 효과적인 의사소통을 어렵게 만들 수도 있습니다. 셋째, 자신이 지적이지 않고 능력이 없는 것처럼 느껴질 수 있고, 이 때문에 자신감과 자존심이 줄어들 수 있습니다. 넷째, 새로운 정보를 배우고 기억하는 것이 어려우면 학교나 직장에서의 성과에도 부정적인 영향을 미칠 수 있습니다. 나아가 설단현상을 두려워하다 보면 업무나 상황을 피하거나 미루는 것처럼 보일 수도 있습니다.

다시 강조하고 싶은 것은, 설단현상은 인간 기억의 정상적인 부분이며 반드시 내 지적 능력의 수준을 나타내는 것이 아니라는 것입니다. 그럼에도 자신감이 줄고 삶에 어려움을 느낀다면, 설단현상을 줄이기 위한 노력을 시작해야 합니다.

설단현상은 절대 피할 수 없는 현상은 아니며 몇 가지 방법을 통해 줄일 수 있습니다. 첫째, 긴장을 풀고 충분한 휴식을 취하는 것입니다. 설단현상은 뇌가 무언가를 기억하는 데 너무 집중할 때 발생하기도 합니다. 휴식을 취하면 뇌가 정보를 더 쉽게 찾을 수 있게 됩니다. 둘째, 단서나 힌트를 사용하는 것입니다. 누군가의 이름을 기억하는 데 어려움을 느낀다면 그 사람의 직업이나 만났던 장소를 떠올리면 도움이 됩니다. 셋째, 요약 및 정교화 기법입니다. 정보를 요약하거나 자세히 설명하면 정보를 더 기억하거나 검색하기 쉬워집니다.

이 외에도 잘 기억하는 방법, 기억을 잘 떠올리는 방법은 많습니다. 또 사람마다 자신에게 잘 맞는 방법은 다를 수 있습니다. 그래서 어떤 방법이 내게 잘 맞는지 알아보고, 그 방법을 사용하여 노력한다면 설단현상을 줄일 수 있을 것입니다.

자극이 필요해

– 말파리 효과

♥07

사람은 본능적으로 일상생활에서 편안함을 찾습니다. 밤에 잠들기에 아늑한 침대든, 편안하게 쉬기 좋은 의자든, 우리는 우리를 편안하게 해주는 것들을 찾고 그것을 가지기 위해 노력합니다. 또 편안함에 대한 갈망은 다른 사람들과의 관계로도 확장됩니다. 우리는 우리를 기분 좋게 해주는 사람들 곁에 있고 싶고, 사랑하는 관계를 만들기 위해 노력합니다. 편안함은 우리 삶에서 아주 중요한 부분이며, 모두가 원하는 것입니다.

그런데 삶에서 편안함만을 추구하는 사람들이 있습니다. 편안함은 좋은 것이지만, 그것이 유일한 목표가 되어서는 안 됩니다. 편안함 때문에 오히려 많은 것을 놓칠 수도 있으니까요.

첫째, 개인의 성장을 제한합니다. 편안한 영역에 머무르는 것은 개인의 성장과 발전을 위한 기회를 제한할 수 있습니다. 둘째, 창의성을 방해합니다. 새로운 경험에 대한 노출이 부족할 경우 창의성과 혁신을 억누를 수 있습니다. 셋째, 인지 능력이 떨어질 수 있습니다. 새로운 경험을 피하는 것은 인지 능력과 기억력의 저하로 이어질 수 있습니다. 넷째, 회복력이 감소합니다. 새로운 도전과 마주하지 않으면 어려운 상황을 다루는 개인의 능력은 약화되고, 실패로부터 회복하기 힘들게 됩니다. 다섯째, 직무수행 능력이 떨어지게 됩니다. 새로운 경험과 학습이 부족하면 직무수행이 어려워지고 경력의 성장도 제한될 수 있습니다. 여섯째, 인간관계를 어렵게 만들 수 있습니다. 새로운 경험을 피하는 것은 다른 사람들과 연결되고 다른 관점을 이해하는 것을 어렵게 만들 수 있습니다. 일곱째, 만족도가 감소합니다. 편안한 장소에 머무르는 것은 지루함과 삶의 성취감 부족으로 이어질 수 있습니다. 여덟째, 기회를 놓치게 됩니다. 새로운 경험을 활용하지 못하면 성장과 개인의 발전 기회를 놓치게 될 수 있습니다.

이처럼 편안함 속에서만 행복을 찾는다면 자신이 원하는 것을 얻지 못할 뿐 아니라 모험이나 진정한 행복이 없는, 매우 제한된 삶을 살 수밖에 없습니다.

삶이 우리를 위해 준비한 것들은 편안함과 가까이 있지 않습니다.

행복은 가만히 있으면 알아서 찾아오는 것이 아니라, 행복은 찾아가는 것입니다. 사람은 새로운 경험과 도전 속에서 성장하고 배우게 되고, 거기서 진정한 행복을 찾을 수 있습니다.

인생에는 편안한 것들이 많지만, 그것이 우리에게 모두 좋은 것은 아닙니다. 지나치게 편안함만을 추구하다 보면 앉아서 생활하는 생활 방식과 건강하지 못한 습관으로 이어지고, 좋지 못한 습관을 강화하게 됩니다. 그래서 우리의 신체적, 정신적 건강에는 변화가 꼭 필요합니다. 변화는 우리를 더 강하고 더 회복력 있는 사람이 되도록 도와줍니다. 변화를 추구할 때 우리는 편안한 영역에서 벗어나 새로운 방식으로 성장할 수 있는 도전과 마주하게 됩니다. 이러한 성장은 더 건강하고 행복한 삶으로 이어집니다.

또한 변화는 우리가 새로운 관점에서 사물을 볼 수 있게 해줍니다. 변화를 추구하는 한 가지 방법은 새로운 것을 시도하는 것입니다. 새로운 활동, 음식, 또는 일상생활을 시도하면 편안한 영역에서 벗어나 더 균형 잡히고 건강한 삶을 살 수 있습니다.

건강을 방해하는 나쁜 습관을 버리는 것도 변화를 추구하는 것입니다. 흡연이나 음주, 그 밖의 건강하지 못한 행동을 포기하는 것은 어려운 일이지만, 더 나은 건강을 얻기 위해서는 꼭 필요한 일입니다. 건강한 삶을 위해서는 위험과 고통을 감수하고 변화를 추구해야 합니다.

변화는 자극이 주어질 때 생겨나기도 합니다. 자극은 우리가 해이해지는 것을 막고 더 노력할 수 있도록 해주며, 숨겨진 잠재력을 끌어내기도 합니다. 우리가 스트레스라고 느끼는 것도 자극이 주어진 것이기에, 스트레스를 잘 활용하면 잠재력을 끌어낼 수도 있습니다. 게으른 말도 말파리가 물면 깜짝 놀라 달려 나갑니다. 사람도 마찬가지입니다. 자극이 주어지면 그것을 통해 앞으로 나아갈 수 있습니다. 이를 일컬어 '말파리 효과'라고 합니다. 나를 쏘는 말파리, 즉 자극은 내 안에서 생겨날 수도 있고, 밖에서 주어질 수도 있습니다. 변화를 위한 자극은 다음과 같습니다.

- 개인적인 불만 또는 자기 계발에 대한 욕구
- 결혼, 출산 또는 사랑하는 사람의 죽음과 같은 주요 인생 사건
- 지루함이나 일상 속에 갇혀 있는 느낌
- 새로운 아이디어 또는 경험에 대한 노출
- 더 큰 성공 또는 성취에 대한 열망
- 나를 둘러싼 환경의 상당한 손실 또는 변화
- 변화를 만들고자 하는 목적이나 욕구
- 동료의 압력 또는 사회적 기대
- 자신에게 도전하고 싶은 욕구
- 자신의 안전지대에서 벗어나고 싶은 욕망

자극을 통해 성장하기 위해서는 필요한 조건이 있습니다. 우선 열린 마음을 가져야 합니다. 새로운 생각을 받아들이고 변화를 두려워하지 않아야 합니다. 그리고 자신감을 가져야 합니다. 새로운 도전에 대처할 수 있는 자신의 능력을 믿어야 합니다. 독립성을 기르는 것도 중요합니다. 지속적인 지도나 지원에 의지하지 않고 스스로 행동하는 것을 두려워하지 않아야 합니다. 또 위험도 감수할 수 있어야 합니다. 기꺼이 모험을 하고, 불확실성도 받아들여야 합니다. 걱정되는 것들은 사전에 예방할 수 있도록 준비하는 것도 중요합니다.

이러한 조건들은 누군가에겐 타고난 것일 수도 있습니다. 그러나 대부분의 사람들은 이런 조건을 모두 갖추고 있지 않습니다. 그렇다고 가질 수 없는 것도 아닙니다. 실패에 연연하지 않고 계속 도전하고 배우는 자세를 유지한다면 이런 조건들은 저절로 갖춰질 것입니다.

자극을 통해 성장할 수 있다고 말하지만, 사실 아이들에게 자극을 주는 것은 조심스러운 일이기도 합니다. 과도한 자극은 오히려 피로감과 의욕 저하로 이어질 수 있기 때문입니다. 또한 한 분야에 집중하다 보면 어린 시절이 불균형하고 불완전해질 수도 있습니다. 수행에 대한 압력은 압박감과 불안감의 원인이 되기도 하며, 이로 인해 학습과 자기 발견에 대한 관심이 꺾일 수도 있습니다.

어린아이일수록 자극과 휴식 사이의 균형이 중요합니다. 그래서 아이들에게는 놀이, 휴식, 탐험의 과정을 포함하는 경험이 주어져야 합니다. 또한 자극에 거부감을 느끼지 않도록 하는 몇 가지 방법이 있습니다. 첫째, 성취할 수 있는 목표를 설정하는 것입니다. 아이가 충분히 할 수 있는 작은 목표부터 시작하는 것이 좋습니다. 둘째, 탐색할 수 있는 기회를 제공하는 것입니다. 아이들에게 호기심과 흥미를 유발하는 새로운 활동과 경험, 예를 들어 박물관 방문이나 새로운 스포츠 등을 시도할 수도 있습니다. 셋째, 성공을 축하해 주는 것입니다. 자신감을 키우고 동기를 부여하려면 아무리 작은 성공일지라도 축하해 줘야 합니다. 아이들을 자극과 성장의 기회에 노출시키고, 노력을 지원한다면 동기부여에도 도움이 되고 능동적으로 행동하게 될 것입니다.

그동안 고생 많았어

– 코로나와 시험

코로나19의 유행은 전 세계 어린이들의 교육을 어렵게 만들었습니다. 많은 나라에서 한 번에 몇 달 동안 학교가 문을 닫았고, 학생들 스스로 생계를 꾸리는 경우도 있었습니다. 부모는 아이들을 집에서 가르쳐야 했고, 온라인 학습 플랫폼이나 원격 수업에 의존하기도 했습니다. 그러나 우리나라처럼 원격 수업을 위한 인프라가 잘 준비된 나라에서도 진행에는 많은 차질이 있었고, 가상 학교는 실제 학교보다 좋지 못했습니다. 그마저도 여의치 않은 가정의 아이들은 말 그대로 방치되기도 했습니다. 어떤 교육이 이루어졌든 코로나19는 많은 사람들의 삶을 변화시켰습니다.

사실 원격 수업이 실제 수업을 대체하기는 어렵습니다. 또 수업은 단순히 지식만을 배우는 것이 아니며, 그 과정에서 교사, 친구들과 맺을 수 있는 인간관계도 중요한 부분입니다. 직접 교육은 원격 교육이 완전히 따라 할 수 없는 수준의 상호 작용, 참여 및 지원을 제공합니다. 또 역동적인 학습 환경과 직접적인 의사소통, 즉각적인 피드백, 신체 언어 표현 및 학생 참여 평가가 가능합니다. 직접 교육에서 교사는 공동체 의식을 함양하고, 아이 수준에 맞는 학습 환경을 조성할 수 있습니다. 기술과 원격 교육이 크게 발전한 것은 사실이지만 아직도 한계가 있다는 것을 부정할 수 없습니다.

아이들은 유아 시절에 기하급수적인 속도로 배우며, 이때 벌어진 발달의 지연이나 격차는 미래에 지속적인 영향을 미칠 수 있습니다. 초등학교는 이러한 유아 발달 과정의 격차를 좁히거나, 더 벌어지지 않게 하는 중요한 역할을 합니다. 아이들은 초등학교에서 읽고 쓰기, 숫자 쓰고 계산하기, 비판적 사고와 같은 기본적인 것들을 배우게 됩니다. 즉 미래의 교육과 삶의 기술을 습득하는 토대를 마련하게 되므로, 이 시기는 아이들의 발달에 매우 중요한 시기입니다. 따라서 앞으로의 발달을 위해서는 격차를 해소하는 것이 중요합니다.

또한 초등학교는 아이들에게 성장하고, 배우고, 또래들과 교류할 수 있는 안전한 환경을 제공합니다. 교사와 그밖의 교육 전문가들은 아이들의 발달을 위해 필요한 자원과 지원을 마련합니다. 초등학교 과정을 거치며 성장 초기의 발달 격차를 해결하고, 이후 단계에서 성공을 거두기 위한 준비를 할 수 있습니다.

코로나19의 범유행은 아이들의 평가에도 큰 영향을 미쳤습니다. 학교 폐쇄와 사회적 거리두기 조치로, 전통적인 대면 시험과 평가도 취소되거나 연기되었습니다. 결과적으로 온라인 시험, 집에서 하는 과제, 또는 둘 다의 조합과 같은 대안적인 형태의 평가로 전환되기도 했습니다. 불가피한 상황이긴 했지만 그로 인해 아이들은 가정의 지원, 인터넷 연결, 디지털 장치에 대한 공평한 접근 같은 문제에 직면하게 되었습니다. 또한 부정행위에 대한 우려와, 평가 과정에서 교사와의 상호작용이 이루어질 수 없다는 것에 대한 우려도 있었습니다.

이러한 과제를 해결하기 위해 학교는 새로운 평가 방법과 기술을 채택하고, 아이들에게 추가적인 지원을 제공하고, 새로운 평가 도구의 타당성과 신뢰성을 재평가해야 했습니다.

이 시기에 많은 학교가 채택한 가장 일반적인 평가 방법으로는 다음과 같은 것이 있습니다.

- 온라인 시험: 온라인 플랫폼을 통해 시험을 관리하는 방법입니다.
- 가정에서 과제 수행: 이 방법은 아이들에게 집에서 완료할 과제를 주

고 온라인으로 제출하는 방법입니다.

• 가상 강의실 평가: 아이들이 교사 및 반 친구들과 실시간으로 상호작용할 수 있는 가상 교실 환경에서 평가를 수행하는 방법입니다.

• 합격/불합격 등급: 이 방법은 수치를 점수로 하는 채점을 사용하는 대신 과정에서의 성과에 따라 합격 또는 불합격 점수를 주는 방법입니다.

• 포트폴리오: 아이들의 학습과 기술을 보여주기 위해 학기나 학년의 과정에 걸쳐 아이들의 작품 모음을 만드는 방법입니다.

이처럼 사회적 거리두기를 위해 대안적인 방법이 사용되었지만, 여러 가지 이유로 전통적인 시험 방법을 완전히 대체할 수는 없었습니다. 먼저, 전통적인 시험은 오랜 시간 동안 광범위하게 연구되고 검증되었으며 그 신뢰성과 타당성이 확립된 방법입니다. 온라인 시험 및 가정용 과제와 같은 새로운 평가 방법은 아직 그 타당성과 신뢰성이 뒷받침되는 연구가 이루어지지 못했을 수도 있습니다. 또한 전통적인 시험은 학습 결과와 기술을 표준화된 방식으로 측정하도록 설계되어, 학생들의 성과를 비교하고 시간 경과에 따른 진행 상황을 추적하는 것이 더 쉽습니다. 마지막으로, 전통적인 시험은 학생의 입학·졸업 및 진로에 대한 결정을 내리는 데 중요한 성과에 대해 객관적인 척도를 제공할 수 있습니다. 종합해 보면, 학생 성과에 대한 표준화되고 객관적인 측정이 필요하므로 전통적인 시험 방법을 완전히 대체할 수는 없다는 것입니다.

코로나19를 계기로 전통적인 시험을 완전히 없애자는 목소리도 있었습니다. 단 몇 시간, 또는 며칠에 걸쳐 이루어지는 시험으로 1년 가까운 시간을 평가하는 것이 타당하지 않아 보이기도 하니까요. 그래서 지속적인 평가가 필요하다는 주장입니다.

그러나 전통적인 시험을 없앤다고 해서 걱정이 줄어드는 것은 아닙니다. 학기 중에 끊임없이 평가를 받는 것보다 교육 과정이 끝날 때 시험을 치르고 싶어 하는 학생들도 있습니다. 지속적인 평가 제도를 도입할 경우 아이들은 무언가를 배우고, 점수를 받고 나서는 잊어버릴 수도 있습니다. 몇 가지 평가 요소에만 집중해 끊임없이 과제를 손보게 될 수도 있고, 그 때문에 다른 공부를 할 수 있는 기회를 놓칠 수도 있습니다. 시험 제도를 없애는 것의 대안이 모든 학교 공부 과정을 점수에 포함시키는 것이라면, 새로운 종류의 스트레스가 생겨날 뿐입니다.

코로나19와 시험으로 그동안 힘들었을 아이들에게, 조금이나마 위로가 되기를 바라며 해주고 싶은 말이 있습니다. 그동안 느꼈던 불안감과 압박감은 당연한 것이고, 거기에 휘둘렸다고 해서 자신이 못나거나 잘못된 것이 아니라는 사실입니다. 그런 감정은 많은 아이들이 함께 느끼는 것이며, 따라서 자신은 혼자가 아니라는 것을 기억해야 합니다. 오히려 어려운 상황에서도 최선을 다했고, 그것으로 충분하다고 말해주고 싶습니다.

미래는 항상 불확실합니다. 그렇기 때문에 태도와 노력처럼 자신이 스스로 통제할 수 있는 것에 집중해야 합니다. 또한 도움을 요청하는 것을 두려워하지 않기를 바랍니다.

　마찬가지로 그동안 힘든 시간을 보낸 교사와 학부모에게도 위로의 말을 하고 싶습니다. 이런 어려운 시기에 아이들을 교육하고 돌보기 위해 노력해 주신 여러분의 노고와 헌신에 깊은 감사를 드립니다. 그리고 건강을 꼭 챙기셔야 합니다. 여러분이 건강을 지켜야 아이들을 더 잘 지원하고 돌볼 수 있습니다.

지켜야 할 것은 지켜야지
- 환경교육

 과학과 기술의 발전은 환경에 대한 우리의 이해와 행동이 환경에 어떤 영향을 미치는지 알 수 있게 만들어줬습니다. 환경에 대한 우려가 증가함에 따라, 학교는 환경 인식을 높이고 아이들이 더 관심을 기울일 수 있도록 환경교육을 강조하고 있습니다. 환경교육은 아이들이 인간의 활동과 환경 사이의 복잡한 연관성과 미래 세대를 위한 환경 보호의 중요성을 이해하도록 합니다. 환경교육은 특히 지속가능성을 강조하는데, 이는 미래를 손상시키지 않으면서 현재의 필요를 채워나가는 것을 말합니다. 학교는 아이들에게 지속가능한 개발이 무엇이며, 자신의 삶과 지역 사회의 지속가능성을 위해 할 수 있는 행동이 무엇인지 교육하는 것을 중요하게 생각합니다.

환경교육은 잠시 배우고 지나가는 것이 아니라 교육과정 전반에 걸쳐 스며들고 있습니다. 환경과학이나 환경윤리뿐만 아니라 역사, 사회, 언어, 예술 등 다른 과목에서도 환경에 대해 생각해 볼 수 있습니다.

진로교육 측면에서도 환경교육은 중요하게 생각됩니다. 환경과학, 지속가능성, 환경경영에 대한 전문성을 갖춘 전문가에 대한 수요도 증가하고 있으며, 이러한 추세는 앞으로 더 심화될 것입니다. 환경교육은 아이들이 환경 분야에서 활동하는 데 필요한 지식, 기술 및 태도를 개발하는 데 도움을 줄 것입니다.

환경교육에서 심리학은 환경에 대한 인간의 행동과 태도를 이해하는 데 도움이 되기 때문에 중요합니다. 교사는 환경에 영향을 미치는 심리적 요인을 이해함으로써 환경친화적인 행동을 장려하고, 환경에 대한 더 큰 이해를 촉진하는 교육과정을 설계할 수 있습니다. 예를 들어 개인의 행동은 주변 사람들이 어떻게 행동하는지에 영향을 받는다는 점을 이해하고 교사가 교실에서 재활용이나 에너지 절약 행동을 보여줄 수 있습니다. 또한 심리학을 바탕으로 환경친화적인 행동을 방해할 수 있는 요소들을 해결하는 데 도움이 될 수 있습니다.

도시화의 증가와 같은 기술적, 문화적 변화는 자연 생태계와는 거리가 먼 인공 환경에서 살아가는 사람들의 수를 증가시켰습니다. 환경심리학은 사람들과 물리적 환경 사이의 관계를 연구하는 심리학의 한 분야입니다. 그리고 물리적 환경이 인간의 행동, 감정, 행복에 어떤 영향을 미치는지, 또한 인간의 행동이 다시 환경에 어떤 영향을 미치는지 이해하는 것을 목표로 합니다.

환경심리학의 주요 연구 분야는 다음과 같습니다.

- 환경 악화와 파괴가 인간의 행복과 정신 건강에 미치는 영향
- 인지 과정과 의사 결정에 미치는 물리적 환경의 영향
- 환경에 대한 태도와 행동을 형성하는 물리적 환경의 역할
- 웰빙과 지속가능한 행동을 촉진하는 환경 구축
- 인간과 자연의 상호작용과 그것들이 웰빙에 미치는 영향에 대한 연구

심리적 요인들을 고려하여 환경교육을 실시하려면 우선 아이들과 환경을 정서적으로 연결해야 합니다. 산책이나 지역 공원을 방문하는 등 감각적인 경험은 아이들과 환경을 정서적으로 연결하는 데 도움을 줄 수 있습니다. 이는 환경을 보호하려는 동기를 키울 수 있는 중요한 과정입니다.

다음으로는 환경과 관련하여 아이들이 어떤 가치와 신념을 가지고 있으며 그것들이 환경에 어떤 영향을 미칠 수 있는지 살펴봐야 합니다. 그리고 환경 친화적인 행동을 형성하는 데 있어 사회적 규범과 동료,

공동체의 역할을 강조합니다. 아이들에게 자신의 행동이 환경에 미칠 수 있는 긍정적인 영향에 대해 가르치고, 프로젝트 또는 여러 실습 활동을 통해 실생활에서 실천해 볼 수 있는 기회도 제공해야 합니다.

교실 속 배움을 위한
심리학

어떻게 벌을 줘야 할까
- 처벌

2000년대 중반까지만 하더라도 학교에서 교사에게 직접 매를 맞는 체벌을 경험한 학생들이 꽤 있었습니다. 과제를 하지 않아서, 시험 문제를 틀려서, 지각을 해서, 복장이 불량해서 등 여러 가지 이유가 있었습니다. 그리고 이유마다, 교사마다 체벌 방법 또한 다양했습니다. 학생들은 어느 부위를 어떤 도구로 맞느냐에 따라 체벌하는 교사에게 별명을 붙이기도 했습니다. 지금 와서는 상상할 수도, 있어서도 안 되는 모습이지만 과거에는 그랬습니다. 그 당시 체벌은 당연한 교육 방식이었습니다.

'사랑의 매'라는 말을 들어보셨을 겁니다. 말 그대로 사랑하기 때문에 드는 매입니다. 매를 듦으로 해서 나쁜 행동을 바로잡고 올바른 사람으로 키워내겠다는 깊고 진한(?) 사랑의 메시지를 담고 있습니다. 이외에도 "매가 약이다.", "매를 아끼면 아이를 망친다."라는 말도 있습니다. 바른 행동을 만들어주기 위해서는 매를 드는 행위 등 처벌이 필요하다는 말입니다.

그런데 정말 매가 약이긴 할까요? 매를 아끼면 정말 아이를 망칠까요? 사랑의 매라니, 참으로 아이러니합니다. 사랑이라는 말만 들어갔을 뿐, 사랑스러운 느낌은 아닙니다. 현재 체벌은 법으로 금지되어 있습니다. 학교는 물론, 민법에 있는 친권자의 자녀 징계권 규정도 삭제되어 부모의 체벌도 금지하고 있습니다.

부모라면, 교사라면 누구나 내 자식과 제자들을 바르고 훌륭하게 키우고 싶을 것입니다. 저 역시 마찬가지입니다. 어릴 때부터 올바른 인성을 길러줘야 커서도 사회 구성원으로서 제 몫을 다할 수 있기 때문입니다.

올바른 인성과 기본적인 예의범절을 가르치는 방법을 고민할 때, 사실 체벌을 경험한 세대에게 체벌을 활용한 교육은 달콤한 유혹(?)입니다. 행동을 교정하는 쉽고 빠른 방법이라 생각할 수 있기 때문입니다. 물론 그런 생각이 드는 것은 그런 경험을 했기 때문일 겁니다. 맞고 나서 정신이 번쩍 들고 행동을 바르게 했던 경험이 있을 것입니다. 잘못을 몸으로 느끼면 잘못의 심각성을 잘 알게 될 수도 있습니다. 불가피한 체벌 상황도 있었을 겁니다. 하지만 그렇게 경험했던 모든 체벌이 과연 사랑의 매였을까요?

감정 조절에 실패한 체벌은 폭행이지 훈육이 아닙니다. 신체에 고통을 주는 체벌은 분명 시대에 뒤떨어지고 잘못된, 나쁜 처벌 방법입니다. 아이를 키우는 부모나 학생을 가르치는 교사 모두에게 체벌은 결코 좋은 처벌 방법일 수 없습니다.

체벌에는 신체적 고통뿐만 아니라 정서적 학대, 언어 폭력이 동반되기도 합니다. 많이 맞고 자란 아이일수록 그렇지 않은 아이에 비해 더 공격적인 행동을 한다고 합니다. 이는 체벌을 통해 이루고자 했던 것과는 정반대의 결과를 낳습니다. 지속된 체벌로 상처가 깊어질수록 학생들은 더 반항적으로 변할 수 있습니다. 속으로는 아무리 화가 나더라도 가급적 대화를 통해 해결책을 모색해야 합니다. 만약 도저히 소통이 불가능하다면 전문가의 도움을 받는 것도 좋은 방법입니다.

체벌은 '처벌'의 한 방법입니다. 처벌은 특정한 행동이나 반응이 나타날 가능성을 감소시키는 행위입니다. 아이가 물건을 던지는 행동을 줄이기 위해 매를 들거나, 거짓말을 했을 때 용돈을 없애는 것 등이 처벌입니다.

다양한 처벌 방법은 두 가지로 구분할 수 있습니다. 하나는 싫어하는 것을 주고 행동을 감소시키는 것, 다른 하나는 좋아하는 것을 빼앗고 행동을 감소시키는 것입니다. 싫어하는 것을 주는 것을 '정적 처벌', 좋아하는 것을 빼앗는 것을 '부적 처벌'이라고 합니다. 저는 아이들을 처벌할 때 부적 처벌 방법을 주로 사용했습니다. 싫어하는 것을 주는 것보다는 좋아하는 것을 빼앗는 것이 기분이 덜 나쁠 것이라고 생각했기 때문입니다. 물론 어디까지나 처벌하는 사람의 생각이겠지만 말입니다.

아이들만 처벌을 받는 것은 아닙니다. 처벌은 성인에게도 적용됩니다. 직장인이 지각을 한다거나, 폭력을 휘둘렀다거나, 물건을 훔쳤다거나, 교통신호를 위반하면 처벌을 받습니다. 바람직한 사회를 유지하기 위해 체벌, 벌점, 승진 누락, 해고, 벌금, 구속, 감금 등 다양한 처벌 방법이 존재합니다. 사람들은 처벌을 피하기 위해 잘못이라고 여겨지는 행동들을 줄이거나 하지 않으려 합니다.

처벌은 크게는 사회 유지를 위해서, 작게는 행동 교정을 위해서 필요합니다. 나쁜 처벌이 있는 것처럼 좋은 처벌도 있습니다. 처벌이 불가피하다면 좋은 처벌을 사용해야 합니다. 학교와 가정에서 좋은 처벌을 실행하기 위한 조건들이 있습니다.

첫째, 체벌보다는 벌칙이 좋습니다. 매를 드는 것보다는 벌점을 준다거나 용돈을 줄이는 것이 좋습니다. 둘째, 처벌은 잘못된 그 상황에만 한정되어야 합니다. 평소에 어떤 행동을 했는지 따지고 들어서는 안 됩니다. 또한 인격적으로 문제가 있는 것처럼 몰아세워서는 안 됩니다.

셋째, 잘못된 행동 직후 곧바로 실시해야 합니다. 처벌을 미루어 실시하면 반성의 효과가 떨어지고 반감을 살 가능성이 높습니다. 넷째, 처벌은 짧아야 하고 그 강도 또한 적절해야 합니다. 한 번 쓰레기를 함부로 버렸다고 해서 한 달 동안 쓰레기통을 비우는 일을 맡기는 것과 같이 불합리한 상황은 처벌 받는 당사자에게 더 큰 상처를 줄 수 있습니다.

처벌받는 것을 좋아할 사람은 없습니다. 그러나 처벌이 없는 세상을 좋아할 사람도 없을 것입니다. 그저 처벌받을 만큼 처벌이 이루어지고, 책임질 만큼 책임을 지는 세상이었으면 좋겠습니다.

최고의 상품은 문화상품권
– 파블로프의 개

아이들에게 선물이나 상품을 줘야 할 때 어김없이 찾아오는 고민거리가 있습니다. 바로 무슨 선물을 줄지 결정하는 일입니다. 물론 돈만큼 좋은 선물도 없지만 그렇다고 아이들에게 돈을 주는 것은 걱정스럽습니다. 이럴 때 유용한 게 바로 문화상품권입니다. 책이든 영화든 원하는 대로 쓸 수 있으니 실용적이고, 주는 사람 입장에서도 부담스럽지 않습니다. 또 받는 사람 취향을 잘 몰라도 무난하게 고를 수 있다는 장점도 있습니다.

다만 주의해야 할 점이 있습니다. 자칫하면 돈 낭비라는 소리를 들을 수도 있기 때문입니다. 따라서 사용처를 미리 확인하고 구입하시는 게 좋습니다.

아이들은 문화상품권을 참 좋아합니다. 아이들에게 가장 받고 싶은 선물이 무엇인지 물어보면 항상 우선순위를 다투는 상품이 문화상품권입니다.

"쌤! 문상이 제일 좋아요!"

아이들은 문화상품권을 줄여서 '문상'이라고 말합니다.

"문상이 제일 좋다고? 그걸로 뭐할 건데?"

"캐시에 쓰려고요!"

아이들이 말하는 캐시는 게임을 즐기기 위해 쓰는 돈을 말합니다. 단지 종이일 뿐인 문화상품권이지만, 아이들이 가장 좋아하는 이유는 그것을 통해 자기가 좋아하는 게임을 더 재미있고 만족스럽게 즐길 수 있기 때문입니다. 물론 모든 아이들이 게임을 위해 문화상품권을 쓰는 것은 아닙니다. 평소에 읽고 싶었던 책이나 영화 등을 즐기기도 합니다. 그러나 문상을 게임에 지르겠다는 말은 왜 항상 크게 들리는 걸까요?

문화상품권은 사용처가 제한된 돈이라고 생각합니다. 앞서 말했듯 돈만큼 좋은 선물도 없습니다. 돈을 통해 내가 바라는 만족감을 얻을 수 있기 때문입니다. 돈은 맛있는 음식이 될 수도, 멋진 옷이 될 수도, 가지고 싶었던 물건이 될 수도 있습니다. 내가 원하던 것을 할 수 있게 해주는 이 멋진 물건을 누구인들 싫어할 수 있을까요.

돈으로 자꾸 만족을 느끼다 보면 나중에는 돈 자체만으로도 만족감을 느끼게 됩니다. 어린아이에게 돈을 주면 시큰둥합니다. '이건 뭐야?' 하는 눈빛으로 바라보거나 잠시 살펴보고 재미없다는 듯 바닥에 흘리고 가버리곤 합니다. 그러나 점점 커가면서 돈을 통해 만족감을 느끼는 경험이 쌓이다 보면 어느새 용돈으로 보상을 바라곤 합니다.

처음에는 반응이 없었는데 나중에는 돈만 보면 만족을 느끼는 이 상황, 문득 파블로프의 개가 떠오릅니다. 종소리는 그저 종소리일 뿐이라고 여기고 아무런 반응도 없던 개가 종소리를 들려주고 몇 초 후에 먹이를 주는 과정을 반복하자 나중에는 종소리만 듣고도 침을 흘리게 됩니다. 개가 종소리와 먹이의 관계를 학습한 것처럼, 우리도 돈과 만족감의 관계를 학습해 왔기 때문입니다.

아이들에게 문화상품권을 주면 어른들이 생각하는 '건전한 문화'가 아니라, 단순히 '재미'를 목적으로 사용해 버리는 게 너무 소모적이라 생각했습니다. 그래서 좀 더 실용적인 게 좋겠다 싶어 휴대용 보조 배터리나 도장 등의 상품을 준비한 적도 있었습니다. 하지만 사람이라면 누구나 재미를 쫓는 법입니다. 어른들이 보기에 너무 아깝게 쓰이는 것 같아 안타깝게 생각될 수도 있지만, 아이들이 원하는 게 그런 재미라면 충분히 의미 있다고 생각합니다.

아이들도 때로는 하기 싫은 일도 해야 하고, 힘든 순간도 견뎌내야 합니다. 그렇지만 이왕이면 즐겁게 사는 게 좋지 않을까요? 그래야 인생이 즐겁고 행복해질 테니 말입니다.

만약 지금 아이가 힘들고 지친 상태라면 문화상품권 한 장 내밀어 보는 건 어떨까요? 그러면 아이는 분명 기분 전환이 되고 힘이 솟아날 겁니다.

조금씩 서서히 만들어진다

— 행동조형

아이들은 쉬는 시간이나 점심시간에 교실 밖으로 나가 친구들과 함께 운동장에서 뛰어놀기도 하고, 놀이터에서 놀기도 합니다. 가끔은 어디서 온 건지 모르지만 개가 놀러 오기도 하는데, 귀여운 외모 덕분에 아이들 사이에서 단연 인기 최고입니다. 개를 무서워하는 아이들도 있지만 대부분은 호기심 가득한 눈으로 바라보며 쓰다듬거나 먹을 것을 줍니다. 그러면 개는 반갑게 꼬리를 흔들거나 몸을 비비곤 합니다. 어떤 아이는 처음 보는 개에게 "앉아!"라고 말합니다. 속으로 '그 말을 듣겠냐?' 하고 생각하는 순간, 개가 그 말을 알아들은 것처럼 앉기도 합니다.

반려견을 키우는 분이라면 공감하실 겁니다. 가끔 개가 주인의 말을 알아듣는 듯한 행동을 보일 때가 있습니다. 가령 산책하러 나가자고 말하면 꼬리를 흔들며 좋아한다든지 밥 먹을 시간이라는 걸 귀신같이 알아채고 밥그릇 앞에 앉아 기다린다든지 하는 식이죠. 심지어 TV 프로그램에서는 강아지가 명령어를 듣고 그대로 수행하는 장면이 나오기도 합니다. 이쯤 되면 궁금해질 수밖에 없습니다. 도대체 강아지는 어떻게 내 말을 알아듣는 걸까요? 혹시 진짜 천재견 아닐까요?

동물 서커스를 보면 사자가 불이 붙은 고리를 뛰어서 통과하거나, 코끼리가 자신보다 작은 의자 위에 올라서기도 합니다. 마치 사람처럼 생각하고 행동하는 그 모습을 보면서 저 동물들은 정말 특별한 동물들이구나 생각했습니다. 그렇지만 동물들이 하기엔 무척 어려워 보이는 묘기도 사실은 조련사가 작은 행동을 하나씩 하나씩 학습시킨 것입니다. 코끼리가 작은 의자에 다가서면 먹이를 주고, 발을 하나 올리면 또 먹이를 주고, 두 발을 올리면 또 먹이를 주는 식입니다. 그렇게 조금씩 어떤 행동을 만들어가는 것을 '행동조형'이라고 합니다. 앉으라면 앉고, 누우라면 눕는 동물들도 마찬가지입니다. 사람 말을 알아듣는 특별한 동물들이 아닙니다. 앉으라는 말을 할 때 우연히 앉았더니 먹이가 주어지고, 누우라는 말을 할 때 우연히 누웠더니 먹이가 주어집니다.

이런 경험을 반복하며 행동이 만들어지는 것입니다.

사람들은 동물을 훈련시킬 때 행동조형의 원리를 활용하지만, 행동조형은 동물에게만 해당되지 않습니다. 사람에게도 적용됩니다. 의도하지 않았지만 나쁜 행동이 조금씩 서서히 만들어질 수 있습니다.

아이들은 자기주장이 강해지고 의사 표현이 분명해지면서 자연스럽게 떼를 쓰기 시작합니다. 이때 부모님들의 반응은 크게 두 가지로 나뉩니다. 하나는 훈육이고 또 다른 하나는 허용입니다. 전자는 잘못된 행동을 지적하고 올바른 방향으로 이끌려는 의도이지만 후자는 아이의 요구를 들어주는 방식입니다. 물론 둘 다 나름대로의 장점이 있습니다. 다만 후자의 경우 자칫 버릇없는 아이로 자라거나 의존적인 성격이 형성될 수 있다는 단점이 있습니다. 따라서 가급적 적절한 선에서 타협점을 찾는 게 좋습니다. 가령 마트에서 장난감을 사달라고 조른다면 일단 집에 가서 인터넷으로 검색해 보자고 설득하는 식입니다. 그리고 약속대로 구매 여부를 결정하면 됩니다. 만약 그것조차 통하지 않는다면 단호하게 거절해야 합니다. 그래야 나중에 똑같은 상황이 반복되지 않습니다.

한편 떼를 쓰는 아이에게 지지 않기 위해 반응을 보이지 않고 버티다가, 결국 두 손 들고 포기할 때가 있습니다. 그 아이는 떼를 쓴 결과 원하는 것을 얻어냅니다. 아이는 다른 상황에서 다시 떼를 쓰고, 또 결국 무너진 어른 앞에서 요구를 충족합니다. 이런 상황이 반복되면, 아이는 떼를 쓰다 보면 언젠가는 상대방이 두 손을 들 것이라 생각하고 떼쓰는 것을 멈추지 않게 됩니다. 말 그대로 '떼쟁이 아이'가 되어버리는 것입니다.

학부모 상담을 해보면 집에서는 고집이 상당한 경우가 있습니다. 하지만 그런 아이들도 학교에서는 떼를 쓰는 경우가 거의 없습니다. 부모님이 아닌 선생님과 친구들 앞에서는 쉽게 떼를 쓰지 않습니다. 학교는 집과 달리 떼를 받아주지 않기 때문이죠. 결국 떼를 쓰는 자기가 버티지 못하는 것입니다.

기억날 듯 말 듯한

- 기억

월요일은 아이들이나 교사나 모두에게 힘든 날인 것 같습니다. 주말이 즐거웠든 힘들었든, 하루만 더 있었으면 좋겠다는 생각이 들 때가 많습니다. 아쉬운 대로 주말에 있었던 일들을 떠올리곤 합니다. 어디에 갔는지, 무엇을 먹었는지, 무엇을 봤는지 등 기억에 남는 것들을 떠올리며 주말이 지나간 아쉬움을 달랩니다.

주말 동안 기억에 남는 일을 떠올려보라고 하면 잘 떠올려내는 아이들이 있는 반면, 그렇지 않은 아이들도 있습니다. 기억에 남을 정도로 인상 깊었던 일이 없었을 수도 있고, 정말 생각이 나지 않을 수도 있습니다. 어른들도 마찬가지입니다. 그다지 특별할 것 없는 일상이었다면 뭘 떠올려야 할지 모를 수도 있습니다. 딱히 말할 만한 것도 없고 어제 점심으로 무엇을 먹었는지, 뭘 했는지 정말로 기억이 나지 않을 때도 있습니다.

기억이란 무엇일까요. 기억은 우리 뇌가 정보를 받아들이고 저장하고 인출하는 정신의 기능입니다. 감명 깊게 읽은 시나 첫 데이트를 했던 순간을 떠올리는 것도 모두 기억 덕분입니다. 기억의 과정을 컴퓨터에 비유하면 키보드나 마우스로 정보를 입력하고 저장한 후 파일을 다시 불러오는 것과 같습니다. 차이가 있다면 컴퓨터는 입력하고 저장했던 정보를 있는 그대로 불러오지만, 우리 뇌는 정보를 재구성해서 떠올린다는 점입니다.

뷔페로 예를 들어보겠습니다. 두 대의 컴퓨터에 뷔페에서 먹었던 것들을 동일하게 입력하고 저장한 후 다시 파일을 불러오면 두 컴퓨터가 보여주는 결과는 저장한 그대로 똑같습니다. 하지만 같은 종류의 음식을 먹은 두 사람에게 뷔페에서 먹었던 것을 떠올려보라고 하면 어떨까요? 한 사람은 초밥을, 한 사람은 탕수육을 떠올릴 수도 있습니다. 사람마다 중요하게 생각하는 정보와 이해하는 것이 모두 다르기 때문입니다.

기억이 없다면 우리는 단 하루도 제대로 살 수 없을 것입니다. 집에서 학교까지 걸어오는 길, 자전거를 타는 방법, 먹어선 안 되는 것을 피하는 일, 지금처럼 글을 읽는 것 등 우리의 삶 모든 것에는 기억이 필요합니다. 기억이 있기 때문에 오늘이 오늘이고, 어제가 어제라는 것을 알 수 있습니다. 누구를 좋아하는지, 무엇을 함께 했는지, 그 속에 있는 나는 어떤 사람인지 알게 해주는 것이 바로 기억입니다.

기억은 유지되는 시간에 따라 '감각기억', '단기기억', '장기기억'으로 구분할 수 있습니다. 감각기억은 시각, 청각, 촉각 등의 감각 정보를 등록하는 기억이며, 1~2초 정도로 짧게 유지됩니다. 하지만 이렇게 금방 사라지는 감각기억도 집중을 통해 유지되는 시간을 늘릴 수 있습니다. 전화번호나 계좌번호, 비밀번호 등 집중이 필요한 경우 단기기억으로 넘어갑니다. 단기기억은 약 20~30초 정도 유지되며, 단기기억의 용량은 5~9개 정도라고 합니다. 반면 장기기억은 노력만 한다면 유지되는 시간과 용량이 무한하다고 합니다. 너무 많은 정보로 뇌가 터져버린 끔찍한(?) 사건은 없었던 걸 보면, 외웠던 것을 기억해 내지 못하는 건 노력이 부족한 탓인 것 같습니다.

단기기억을 장기기억으로 옮기는 노력 중 하나는 반복입니다. ㄱㄴ ㄷㄹ…, 가나다라…, ABC…, abc…, 1234… 등 잊으려야 잊을 수 없는 장기기억들이 있습니다. 어렸을 적 배웠던 대로 apple은 사과, baby는 아기라는 것을 기억하는 것도, 당연하게 느껴질 정도로 엄청난 반복이 있었기 때문입니다.

우리가 일상을 일상답게 살아갈 수 있게 해주는 장기기억은 여러 가지 방식으로 구분됩니다. 의식적으로 떠올릴 수 있느냐에 따라서는 '외현기억'과 '내현기억'으로 구분할 수 있습니다. 외현기억은 의도적으로 떠올릴 수 있으며, 알고 있다는 것을 자각할 수 있습니다. 외현기억은 다시 '일화기억'과 '의미기억'으로 나눌 수 있습니다. 일화기억은 '언제, 어디서, 누구와, 무엇을'과 같이 개인의 경험에 관한 기억입니다. 즉 어제저녁에 무엇을 먹었는지, 누구와 함께 영화를 봤는지에 대한 기억들이 일화기억입니다. 한편 의미기억은 일반적인 지식이나 단어의 의미, 상식, 이름 등을 말합니다. 일화기억은 경험을 통해 저장된 개인적인 기억이지만 의미기억은 꼭 경험과 연관되는 것은 아니기 때문에 개인적일 수도 있고, 일반적일 수도 있습니다.

내현기억은 쉽게 말해 무의식 속에 담겨 있는 기억입니다. 의식적으로 자각되지 않으며, 연습이나 반복을 통해 암묵적으로 학습되기에 습득했다는 사실조차 모릅니다. 그러나 내현기억 덕분에 경험이 쌓이다 보면 의식적인 노력 없이도 능력을 향상시킬 수 있는 것입니다. 자전거를 능숙하게 타는 것, 문법은 잘 모르지만 외국어 대화는 유창하게 하는 것, 비율은 정확하게 모르지만 맛있는 요리를 만들어내는 것 등은 내현기억 덕분입니다.

학습 과정에서는 보통 외현기억이 주로 활용됩니다. 책을 읽거나 강의를 듣는 행위 자체가 외현기억을 쌓는 과정이기 때문입니다. 따라서 공부를 잘하려면 일단 머리에 든 게 많아야 합니다. 그래야 배운 내용을 바탕으로 응용하여 다양한 문제를 풀 수 있으니까 말입니다. 물론 시험 성적을 올리기 위해서는 암기 위주의 주입식 교육도 필요하지만, 장기적으로 봤을 땐 좋은 방법이 아닙니다. 창의력과 사고력 발달에 악영향을 끼칠뿐더러 자칫하면 수동적인 태도를 갖게 되기 때문입니다.

반대로 내현기억은 오랜 기간 꾸준히 반복해야 형성됩니다. 자전거 타기나 수영하기처럼, 한번 익히면 평생 잊어버리지 않는 운동 기능이 대표적인 예입니다. 그러므로 당장 눈앞의 성과보다는 미래를 내다보며 차근차근 단계를 밟아나가는 자세가 필요합니다.

12

널 잊을 수 없어

– 초두 효과, 최신 효과

영화 《건축학개론》의 포스터를 보면 이런 글이 적혀 있습니다. "우리 모두는 누군가의 첫사랑이었다."

누군가의 잊을 수 없는 첫사랑의 주인공이 바로 나일 수도 있다니, 헛살진(?) 않았다는 생각까지 해봅니다. 그렇다면 첫사랑은 뭐라고 정의할 수 있을까요. 처음 사랑을 느낀 것? 아니면 처음으로 맺어진 사랑? 사실 사랑도 딱 어떤 것이라고 정의하기 어려운 마당에, 첫사랑이 무엇인지 정의하기는 힘들어 보입니다. 사람마다 첫사랑의 의미는 다를 수 있지만, 말 그대로 누구에게나 '첫' 사랑의 경험이었을 테고, 그

기억은 누구에게나 강렬할 것입니다.

사랑이라는 감정은 참 오묘합니다. 누군가에게는 설렘이고 또 다른 누군가에게는 아픔이기도 합니다. 또 누군가에게는 평생 잊지 못할 추억이자 그리움이지만, 또 어떤 이에게는 떠올리기조차 싫은 악몽과도 같을지 모릅니다.

첫사랑을 돌이켜보라고 하면 다들 그땐 정말 어렸던 것 같다고 말합니다. 어른스러운 척 행동했지만 실은 너무나 서툴고 미숙했다고 말입니다. 어쩌면 당연한 일인지도 모릅니다. 후회되고 미안하고 아쉬운게 첫사랑이라고 합니다. 물론 이제 와서 무슨 소용이겠습니까.

무엇이든 처음 해본 경험은 기억에서 잘 지워지지 않습니다. 오히려 강렬하게 남는 경향이 있습니다. 심리학에서는 이런 현상을 '초두 효과'라고 합니다. 즉 먼저 제시된 정보가 나중에 제시된 정보보다 더 큰 영향을 주는 현상을 말합니다. 간단한 두 문장으로 초두 효과를 느껴볼 수 있습니다.

A: 부지런하고 다른 친구들에게 친절합니다. 하지만 학습에 집중하지 못하고, 가끔 거짓말을 합니다.

B: 학습에 집중하지 못하고, 가끔 거짓말을 합니다. 하지만 부지런하고 다른 친구들에게 친절합니다.

A와 B를 표현하는 말은 제시된 순서만 바뀌었을 뿐, 전부 똑같습니다. 누가 더 결점이 커 보이나요? B가 결점이 더 많은 사람처럼 느껴지지 않나요? 이처럼 어떤 대상을 인식할 때 먼저 제시되는 정보가 그 대상의 느낌을 형성하기 쉽습니다. 사람뿐만 아니라 물건이나 음식, 학습 등에서도 마찬가지입니다. 처음 들어오는 정보가 대상의 전반적인 느낌을 만들어내고, 그 이후에 들어오는 정보들은 그에 맞추어 해석되기 쉽습니다. 첫인상이 중요한 이유입니다. 따라서 일단 좋은 인상을 심어야, 나중에 문제가 생기더라도 좋은 방향으로 풀어내기 쉽습니다.

공부도 마찬가지입니다. 예를 들어 시험을 본다고 할 때, 일단 첫 문제부터 어려우면 그다음 문제는 얼마나 어려울까 걱정부터 하게 됩니다. 나아가 시험 자체를 부정하고 싶고, 벗어나고 싶어집니다. 그렇기 때문에 무언가를 배워야 할 때는 쉽고 재미있는 것부터 시작하면 좋습니다. 특히 수학 등 첫인상이 좋지 않은 과목은 쉽고 재미있게 시작해야 합니다. 좋은 인상으로 시작해야 이후에 진행되는 내용도 거부감 없이 받아들일 수 있습니다. 기초, 기본이 되는 내용이 재미까지 보장하진 않으므로, 그렇게 하기가 쉽지 않다는 게 문제지만 말입니다.

한편 첫 단추를 잘못 채웠다고 해도, 희망이 없다고 생각하면 안 됩니다. 바로 최신 효과가 있기 때문입니다. 최신 효과는 초두 효과와 반대로 가장 나중에 제시된 정보가 잘 기억되며 큰 영향을 미치는 현상을 말합니다. 대체로 초두 효과가 최신 효과보다 강렬하다고 하지만, 꼭 그런 것은 아닙니다. 처음에 제시된 정보를 너무 일찍 줘서 잊어버렸거나, 새로운 정보가 훨씬 많이 들어온다면 최신 효과가 더 큰 영향을 줄 수 있습니다.

2학기를 절반 정도 보냈을 무렵, 최신 효과를 기대하며 수학을 포기한 4학년 아이에게 1학년 수학부터 다시 시작해 보자고 권유한 적이 있습니다. 수학 공부를 멈춘(?) 시기도 오래된 편이니 새로 주어지는 정보가 효과가 있겠구나 싶었습니다. 아이도 그렇게 해서라도 지긋지긋한 수학의 굴레에서 벗어나고 싶어 했습니다. 재미있는 내용은 아니겠지만, 매우 쉬운 내용이니 문제 푸는 재미를 느껴보고 다시 시작해 볼 만하겠다는 생각을 가지기를 기대했습니다. 결론적으로는 쉽게 배움을 따라오지는 못했습니다. 지금 생각해 보면 수학을 접할 기회를 더 일찍, 더 많이 줬어야 했는데, 그러지 못했던 것 같습니다. 그 아이가 더 좋은 누군가를 만나 수학을 공부하고 있기를 간절히 바랍니다.

참는 자에게 복이 있나니

– 만족지연

한창 뛰어놀아야 할 나이에 스마트폰 삼매경에 빠져 있는 아이를 보면 한숨이 절로 나오죠. 초등학교 저학년 자녀를 둔 부모라면 공감하실 겁니다. 물론 시대가 변했으니 어쩔 수 없다고 이해하려 하지만, 걱정스러운 마음이 드는 건 어쩔 수 없습니다. 휴대폰 사용 시간을 정해 놓고 지키도록 하지만, 여전히 고민거리가 남습니다. 약속된 그 시간을 어떻게 사용하고 있을까 하는 점입니다.

어느 정도 휴대폰을 사용하도록 시간이 주어진 아이들에게, 그 시간에 무엇을 하는지 물은 적이 있습니다. 대부분 유튜브, 틱톡 등 영상을 보거나 게임을 하는 데 사용한다고 대답했습니다. 어떤 게임을 하는지 살펴보니, 대부분 가볍고 간단한 게임들이었습니다. 아이들을 이해해 보려고 저도 그 게임들을 해본 적이 있는데, 맥을 끊으며 나오는 광고들 때문에 지속하기가 쉽지 않았습니다. 아이들은 광고 정도는 별거 아니라며 자연스럽게 넘어갔지만, 저는 도저히 못 하겠기에 게임을 삭제하는 것으로 끝났습니다.

게임 중간중간 튀어나오는 광고를 없애는 방법은 간단합니다. 광고 해제를 위해 결제를 하면 됩니다. 흐름을 방해받지 않고 온전한 재미를 즐기기 위해선 돈이 필요합니다. 게임 내 콘텐츠를 즐기기 위해 돈을 지불하는 행위를 아이들은 '현질'이라고 부릅니다.

아이나 어른이나 자신들이 즐기는 게임이 기왕이면 무료이길 원합니다. 하지만 세상에 공짜는 없습니다. 게임도 상품이며, 상품은 팔려야 합니다. 비록 시작은 무료일지 모르나, 더 깊게 즐기기 위해선 비용을 지불해야 합니다.

아이들이 접근하기 쉬운 게임은 당연히 무료 게임입니다. 하지만 무료 게임이라고 해서 완전히 무료는 아닙니다. '어느 정도' 무료로 즐길 수 있는 게임입니다. 더 즐기기 위해선 유료 콘텐츠를 구입해야 합니다. 경험상 여섯 가지 경우를 떠올려 보았습니다.

I. 게임 중간에 광고를 삽입해 게임 흐름을 방해하는 경우

2. 시간이 지나면 얻을 수 있지만 그 시간이 '매우' 오래 걸리는 경우

3. 게임을 즐길 수 있는 시간에 제한을 거는 경우

4. 비용을 지불한 '아이템'이 더 '좋은' 성능을 가지는 경우

5. 남들과 구별되는 나만의 특별한 캐릭터로 꾸미고 싶은 경우

6. 새로운 콘텐츠를 추가하는 경우

결국 욕망을 발현하는 데 돈을 쓰게 만들고 있었습니다. 일단 게임에 빠지기만 한다면 많든 적든 돈을 쓸 수밖에 없는 매혹적인 상황들이 많습니다. 그렇다고 게임에 돈을 쓰는 것이 무조건 잘못된 것이라는 이야기는 아닙니다. 어느 분야든 재미를 얻기 위해서는 대가를 지불해야 하고, 돈을 지불한 만큼 재미와 만족을 얻을 수 있어야 합니다. 영화나 음악, 도서도 마찬가지이지요. 오히려 유료로 제공되는 것을 무료로 얻으려는 행위에서 잘못이 생길 수도 있습니다.

아이들에게 문제는 역시 가격입니다. 게임마다 다르겠지만 보통 한 번에 몇천 원~몇만 원의 결제가 이루어집니다. 수입이 있는 어른에겐 몇천 원이 큰 부담이 아닐 겁니다. 커피 한 잔 값으로 내가 즐기는 게임을 더 재미있게 즐길 수 있다면 그 정도는 충분히 지불할 수도 있습니다. 하지만 아이들은 그렇지 않습니다. 경우가 다양하겠지만, 보통 5천 원이면 일주일 용돈에 준하는 금액입니다. 게임에 그 돈을 쓰고 나면 간식 등 포기해야 할 것들이 많습니다. 이런 상황 속에서 상품으로 주어지는 문화상품권은 가뭄에 단비 같습니다.

사실 문화상품권은 사용처가 제한되어 있기 때문에 마음대로 사용하기는 어렵습니다. 그럼에도 문화상품권이 환영받는 이유는 게임 내에서 결제가 가능하기 때문입니다. 게임을 즐기는 아이 입장에선 용도가 확실한 물건입니다.

문화상품권을 받은 아이는 선택의 순간에 직면합니다. 특히 게임을 즐기는 아이들은 이것을 게임에 쓰느냐 마느냐 고민합니다. 지금 문화상품권을 쓰지 않고 아껴두면 나중에 더 큰 가치를 얻을 수도 있습니다. 보고 싶었던 공연을 볼 수도 있고 영화, 책, 외식 등 다른 재미를 찾을 수도 있으니까요. 비록 게임에 진심이지만, 그건 그거고 이건 아껴둬야겠다고 생각할 수도 있고요. 하지만 누군가는 현질의 유혹에 무릎을 꿇을 겁니다. 초점은 나중의 만족을 위해 지금의 유혹을 참아낼 수 있느냐입니다.

미래의 더 큰 가치를 위해서 현재의 욕구를 참아내는 능력을 '만족지연능력'이라고 합니다. 다이어트나 운동이 대표적으로 만족지연능력과 관련되어 있습니다. 눈앞에 있는 맛있는 음식, 당장에 취할 수 있는 꿀 같은 휴식은 쉽게 떨쳐내기 어려운 유혹이지만, 그걸 이겨내야만 성공할 수 있습니다. 지금 욕구를 참아야 나중에 더 큰 가치를 얻어낼 수 있습니다. 공부도 그렇습니다. 공부할 시간에 대신할 수 있는 재미있는 것들이 너무나 많습니다. 심지어 시험 기간에는 평소에도 보지도 않던 뉴스까지 재미있습니다. 그런 것들을 멀리할 수 있는 힘은 모두 만족지연능력과 관련되어 있습니다.

미국에서 유치원생을 대상으로 만족지연능력을 실험한 적이 있습니다. '마시멜로 실험'으로 잘 알려진 이 실험은 아이들에게 마시멜로를 주고 15분 동안 먹지 않고 기다리면, 나중에 상으로 한 개를 더 주겠다는 조건을 겁니다. 마시멜로를 앞에 두고 홀로 선택의 순간에 맞닥뜨린 아이들은 각자 다른 행동을 보였습니다. 바로 먹거나, 조금 참다가 먹거나, 끝까지 참아내거나.

끝까지 참고 마시멜로 한 개를 더 받은 아이들은 실험 참가 아동의 약 30% 정도였다고 합니다. 세 명 중 한 명은 참아냈다는 말인데, 사실 놀라울 수도, 놀랍지 않을 수도 있는 수치입니다. 그런데 여기서 실험이 끝나면 그저 참아내는 게 쉽지는 않구나 정도로 생각할 수 있습니다. 재미있는 것은 나중에 실험에 참가한 아이들의 대학수학능력실험 점수를 비교한 것입니다. 끝까지 참아낸 아이들과 그렇지 않은 아이들의 점수 차이가 210점(1600점 만점 기준)이었다는 것입니다.

다소 비약적인 면도 있습니다. 물론 만족지연능력 하나로 미래의 성적이나 성공 여부를 알 수는 없습니다. 그것은 각자가 가진 수많은 특성들 중 하나일 뿐이니까요.

사람은 모두 주어진 상황이 다릅니다. 가정환경, 건강 상태, 지능 등이 모두 다르기 때문에 욕구에 반응하는 것도 다를 수밖에 없습니다. 참으면 하나를 더 준다는 실험자의 말을 믿을 수 없다면, 참는 것보다 먹는 것이 이득입니다. 가난한 집에 형제들이 많아서 먹을 걸로 서로 다툰다면 역시 일단 먹는 것이 이득입니다. 원래 마시멜로 실험의 의도는 참을성 있는 아이와 그렇지 않은 아이의 심리를 이해하고 교육을 통해 참을성을 기를 수 있는지 연구하는 것이었습니다.

충동에 따라 움직이기보다는 도달하고 싶은 목표를 세우고 그 목표를 향해 간다면 성공할 수 있습니다. 공부를 위해 모든 것을 참아야 하는 것은 아닙니다. 우리는 늘 충동과 유혹에 시달리고, 때로는 결국 충동에 빠지기도 합니다. 하지만 그때마다 다시 돌아와 자기 목표를 향해 움직여야 합니다.

처음부터 흔들리지 않고 끝까지 참아내는 사람은 흔치 않습니다. 그런 사람만 목표를 이루는 것도 아닙니다. 비록 흔들리더라도 내가 가야 할 길을 잊지 않았다면 충분히 목표를 이뤄낼 수 있습니다.

저렇게 하면 되는 거구나

- 모방

인간은 사회적 동물입니다. 따라서 타인으로부터 영향을 받으며 성장합니다. 부모로부터 언어와 행동 양식을 배우고, 친구 또는 선생님에게서 지식과 기술을 습득합니다. 그리고 때로는 책이나 TV 프로그램을 통해 간접 경험을 하기도 합니다. 이렇게 다양한 경로를 통해 얻은 정보 및 지식은 개인의 사고방식 형성에 지대한 영향을 미칩니다.

아이들은 칭찬을 참 좋아합니다. 칭찬은 아이의 기분을 좋게 하고 자신감을 북돋아줍니다. 그리고 계속해서 최선을 다할 수 있는 동기를 제공합니다. 신기한 것은 한 아이를 칭찬하면 다른 아이들도 덩달아 열심히 활동에 참여한다는 것입니다. 찐한 칭찬 시간이 지나고 나면 교실에서는 뜨거운 열기가 느껴지기도 합니다. 자신이 하는 일에 몸을 숙이고 집중하는 것이 보입니다. 아이들은 다른 사람이 칭찬을 받으면 그 칭찬받은 사람의 행동을 모방합니다. 그 사람과 같은 모습을 보여주면 자신도 칭찬받을 거라고 기대하기 때문입니다.

모방은 아이들의 가장 중요한 학습 방법 중 하나입니다. 모방은 학습을 위한 강력한 도구이며, 가장 먼저 시작하는 학습 방법입니다. 아이들은 말하는 것에서부터 문제 해결과 비판적 사고와 같은 더 복잡한 기술에 이르기까지, 모방을 통해 많은 것을 배웁니다.

모방의 이점 중 하나는 매우 빠르게 일어날 수 있다는 것입니다. 아이들은 배우기 위한 특별한 행동을 하는 것이 아니라, 다른 사람들을 관찰함으로써 다양한 것들을 배웁니다. 게다가, 다른 사람이 긍정적으로 행동하는 것을 관찰하는 아이는 자신도 긍정적인 행동에 참여할 가능성이 더 높습니다.

모방은 아이들이 실패에 대한 걱정 없이 새로운 행동과 생각을 시도할 수 있게 해줍니다. 아이들은 다른 사람을 흉내 낼 때, 결과에 대해 걱정하지 않고 위험을 감수할 수 있기 때문에 자신감을 쌓고 새로운 기술을 더 빨리 배울 수 있습니다. 또한 모방은 아이들이 선생님이나 부모님이 아닌 사람들로부터 배울 수 있게 합니다. 아이들은 텔레비전 캐릭터를 보거나 형제자매, 반 친구들이 어떻게 행동하는지를 보면서 배웁니다. 그래서 다양한 곳에서 학습이 이루어질 수 있습니다.

모방을 통해 어린 시절부터 적절한 행동과 습관을 기르는 데 도움을 줄 수도 있습니다. 모방은 자신의 생각과 행동을 인식하고, 자기 관찰을 통해 문제 해결 능력을 향상시키는 과정도 가지고 있습니다. 아이들이 어떤 행동이 옳은지 틀린지를 구분하며, 이를 응용하여 새로운 상황에서도 적절한 행동을 할 수 있도록 하는 과정입니다. 즉 모방을 통해 아이들은 인지, 언어, 사회적 행동, 문제 해결 능력, 정서 등을 배우고 적절한 행동 습관과 방법을 체감하게 되며, 이를 응용할 기회도 가질 수 있습니다. 또한 또래와 함께 지내면서 언어 구사 방법, 어휘, 구문 등을 모방하며 언어를 배우기도 합니다.

모방은 아동의 자아 발달 과정에서도 중요한 역할을 합니다. 모방의 첫 단계는 행동의 의미를 이해하지 못한 채 단순히 어른들의 행동을 따라 하는 것입니다. 아이 앞에서는 찬물도 못 마신다는 말처럼, 아이들은 보이는 대로 따라 하기 때문에 아이 앞에서 함부로 말하거나 행동해서는 안 됩니다.

다음 단계는 단순한 역할 놀이로 이어집니다. 대표적인 역할 놀이가 바로 소꿉놀이입니다. 아이들은 작은 크기의 도구나 장난감을 이용해 자신이 상상하는 세상을 만들어냅니다. 이러한 활동은 아이들이 자신을 인식하는 데 큰 도움을 줄 수 있습니다. 소꿉놀이 사례로는 교실에서 아이들이 인형, 그림책, 블록 등을 이용해 자신만의 이야기를 만드는 것이 있습니다. 아이들은 인형을 이용해 가족, 친구, 동물 등 인물을 연기하며, 그림책을 이용해 자신만의 이야기를 그리거나, 블록을 쌓아 작은 건물을 만들어내기도 합니다.

단순한 역할 놀이를 지나면 좀 더 복잡한 역할을 수행하는 단계로 들어갑니다. 이 단계에서는 자신이 속한 집단에서 어떤 역할을 해야 하는지 이해하고 잘 수행합니다. 뿐만 아니라 자신이 속하지 않은 집단까지 고려하며 행동합니다.

모방뿐만 아니라 아동의 자아 발달 과정을 돕는 여러 활동이 있습니다.

첫째, 자신을 표현할 수 있는 기회를 제공해 주는 활동입니다. 자신의 이야기를 말이나 글로 표현해 보거나, 자신의 이야기를 이용해 동화를 쓸 수도 있습니다. 둘째, 아이의 성격, 관심사, 감정 등을 인정하며 이를 존중합니다. 셋째, 그룹 활동을 통해 타인과 상호작용을 하도록 합니다. 프로젝트 수업이나 동아리 활동을 활용할 수 있습니다. 넷째, 아이의 성장과 발달을 측정할 수 있는 기회를 제공해 줍니다. 아이의 능력과 관심사를 평가하는 테스트나 설문조사 등을 이용할 수 있습니다.

아이들이 학교에 있는 동안 다수의 긍정적인 활동에 참여하도록 하는 것도 중요합니다. 이를 통해 학습적인 측면과 아울러 긍정적인 인간관계, 좋은 사회적 기술을 배울 수 있습니다. 아이들에게 가능한 한 많은 다양한 유형의 사람들과 상황에 노출시키고 모방할 기회를 주는 것은 앞으로 다가올 미래를 준비하는 훌륭한 방법입니다.

아이들은 혼자 성장하지 않습니다. 태어나면서부터 끊임없이 타인과 관계를 맺으며 성장합니다. 아이들에게는 타인의 평가가 곧 자신의 모습입니다. 긍정적인 자아를 만들어주기 위해 아이의 행동을 긍정적으로 받아들이고 이해하면 좋겠습니다.

할 수는 있는데 설명이 안 되네
– 암묵적 지식

'빙산의 일각'이라는 말이 있습니다. 바다에 떠 있는 빙산은 보이는 것보다 더 많은 부분이 수면 아래에 감추어져 있습니다. 그래서 보이는 것보다 감추어진 것이 더 많을 때 빙산의 일각이라고 표현합니다.

이 비유는 암묵적 지식과 명시적 지식 사이의 관계를 설명하는 데에도 종종 사용됩니다. 수면 위에 떠 있는 빙산의 가시적인 부분은 명시적인 지식을 나타내고, 수면 아래 숨겨진 빙산의 훨씬 더 큰 부분은 암묵적인 지식을 나타냅니다. 명시적 지식은 명확하고 간결하게 표현될 수 있는 지식의 종류입니다. 애매함 없이 다른 사람들과 소통할 수 있는 지식입니다. 이와 대조적으로 암묵적 지식은 자신의 경험에 너무 많이 내재되어 있기 때문에 말로 표현하기 어려우며, 다른 사람들과 의사소통하는 데 어려움을 겪는 종류의 지식입니다.

암묵적 지식은 학습이나 경험이 몸에 배어 있기는 하지만 전달하는 것이 어렵습니다. 예를 들어 한번 자전거 타는 방법을 배우면 쉽게 잊어버리지 않지만, 다른 사람이 자전거를 바로 탈 수 있도록 알려줄 수는 없습니다. 신발 끈을 매는 것도 마찬가지입니다. 그저 손이 가는 대로 신발 끈을 매지만 다른 사람들에게 설명하는 것은 쉽지 않습니다. 요리를 할 때도 몇 그램, 몇 스푼을 넣는지 일일이 따지지 않고 눈으로, 손으로 간을 맞추는 경우가 있습니다. 이 정도면 된다고 말할 수는 있지만, 정확한 양을 설명하기는 쉽지 않습니다. 이렇게 암묵적 지식은 직관적이고 비언어적인 능력입니다.

암묵적 지식은 너무 많이 생각하지 않고 자동으로 일을 처리할 수 있는 능력을 포함합니다. 그리고 우리의 일상에 너무 깊게 뿌리박혀 있어서, 그것을 하고 있는지 깨닫지 못하는 경우도 있습니다. 암묵적 지식을 익힐 때는 경험이나 관찰, 개인적인 상호작용이 필요합니다. 말로 표현하거나 다른 사람들에게 가르치는 것이 쉽지는 않지만, 종종 명시적인 지식을 이해하고 활용하는 데 중요한 역할을 합니다.

교실에서 볼 수 있는 암묵적 지식의 예는 글의 의미를 이해하고 해석하는 능력입니다. 아이들은 종종 글에 대한 자신의 생각을 언어로 표현하거나 전달하는 것을 어려워합니다. 글의 주제와 의도에 대해 이해하고 있지만, 글을 자세하게 분석하여 자신의 생각을 명확하게 표현하는 것은 쉽지 않습니다. 또 다른 예는 의사소통, 갈등 해결, 리더십 등 모둠을 이끄는 능력입니다. 이러한 능력은 경험과 관찰을 통해 습득되며, 공식적인 교육을 통해 가르치기는 쉽지 않습니다.

암묵적 지식은 다른 사람들에게 글이나 언어 형태로 표현하거나 전달하기 어려운 지식인 만큼 쉽게 말로 표현하거나 문서화할 수 없습니다. 또한 주로 경험과 실천을 통해 획득되기 때문에 다양한 의사소통 환경을 제공하고, 협업을 통해 경험을 공유하고 배울 수 있는 기회를 만드는 것이 중요합니다. 또한 지속적인 학습과 도전을 중시하고 장려하는 문화도 암묵적 지식을 개발하고 적용하는 데 도움이 될 수 있습니다.

모든 것들이 그렇듯 암묵적 지식에도 장점과 단점이 있습니다. 암묵적 지식의 장점은 다음과 같습니다.

첫째, 경험에 기초하고 복제하기 어렵기 때문에 명시적 지식보다 종종 더 가치 있을 수 있습니다. 둘째, 암묵적 지식은 다양한 상황에 대응할 수 있기 때문에 실제 상황에서 더 유용할 수 있습니다. 셋째, 암묵적 지식은 개인의 경험과 연습을 통해 개발되기 때문에 이를 바탕으로 더 큰 전문 지식과 이해로 이어질 수 있습니다.

반면 암묵적 지식의 단점은 다음과 같습니다.

첫째, 다른 사람에게 전달하기가 어려우므로 조직 내에서 공유하고 복제하기가 어려울 수 있습니다. 둘째, 암묵적 지식을 보유한 개인에게 의존할 수밖에 없어, 그 사람이 조직을 떠나면 손실에 매우 취약해집니다. 셋째, 측정 및 관리가 어렵기 때문에 조직 구성원의 지식의 격차를 파악하고 해결하기가 쉽지 않습니다. 어떠한 노하우가 있는 사람은 조직에 매우 귀중한 자산입니다. 하지만 그만큼 사람에게 의지하는 것이 크기 때문에 명시적인 관리와 활용이 어려울 때가 많습니다. 개인이 경험을 공유하고 배울 수 있는 기회를 만들고, 지속적인 학습과 실험을 중시하고 장려하는 문화를 키우는 것이 도움이 될 것입니다.

더, 더, 전보다 더!!

– 크레스피 효과

보상과 처벌은 아이들을 지도하는 데 강력한 수단입니다. 보상과 처벌만큼 즉각적인 행동 변화를 관찰할 수 있는 방법도 흔치 않습니다. 효과가 강력하기 때문에 그만큼 균형을 유지해야 하고, 적절한 방법으로 사용하는 것이 중요합니다. 그래서 보상과 처벌을 사용할 때 주의해야 할 점들도 알아두어야 합니다.

첫째, 일관성이 있어야 합니다. 아이들은 보상과 처벌이 일관되게 적용되어야 교사가 자신에게 무엇을 기대하는지 알 수 있습니다. 둘째, 의미 있는 보상이어야 합니다. 보상이 아이와 관련이 있는지, 그리고 아이가 중요하게 생각하고 원하는 것인지 확인해야 합니다. 셋째, 강도를 점진적으로 높여야 합니다. 작은 상벌부터 시작하여 시간이 지남에 따라 점차 강도를 높이는 것이 좋습니다. 이는 아이들이 변화에 적응하고 기대를 이해하는 데 도움이 됩니다. 넷째, 긍정적인 강화에 초점을 맞추어야 합니다. 잘못한 것에 대해 벌을 주기보다는 잘하는 것을 칭찬하는 데 집중해야 효과적으로 아이들에게 행동 개선을 위한 동기를 부여할 수 있습니다. 다섯째, 아이들과 소통해야 합니다. 아이들에게 보상과 처벌의 이유에 대해 말하고, 왜 이러한 수단이 사용되었는지 설명해 줘야 합니다. 아이들은 이를 통해 자신들이 무엇을 해야 하는지 이해할 수 있습니다.

또한 보상과 처벌은 연령에 맞고 사회 통념에 어긋나지 않아야 합니다. 요즘은 다양한 문화가 섞여 있기 때문에 문화적으로도 민감하게 살펴보아야 합니다. 또 보상과 처벌이 아이들을 조종하거나 신체적, 정서적으로 해를 끼치는 방식으로 사용되어서는 안 된다는 점도 고려해야 합니다.

보상과 처벌의 사용 방법과 관련하여 '크레스피 효과'라는 것이 있습니다. 이 효과는 능률을 올리기 위해서는 보상과 처벌의 강도가 점점 강해져야 한다는 것을 알려줍니다. 처음에는 작은 보상으로도 행동하지만, 계속 행동하게 하려면 점점 더 큰 보상을 제공해야 한다는 것입니다.

월급을 생각하면 이해하기 쉽습니다. 10년이 넘도록 연봉에 변화가 없다면 일하고 싶은 의지가 생겨날까요? 절대 아닐 겁니다. 10년이나 버틴 것도 신기할 따름입니다. 연봉이 점점 늘어나야 일 생각도 나는 법입니다. 처벌도 마찬가지입니다. 잘못할 때마다 똑같은 벌금을 낸다면 그 행동은 고쳐지기 어렵습니다. 그 정도 벌금이야 내면 그만이라고 생각하기 때문입니다. 그래서 벌금을 점점 늘려가야 합니다. 그래야만 이대로 가면 위험할 수 있겠다는 생각에 이제는 고쳐야겠다고 마음먹을 수 있습니다.

보상을 사용할 때 항상 염두에 두어야 하는 부작용이 있습니다. 보상을 당연하게 여길 수도 있다는 점입니다. 특히 물질적인 보상이 당연시되면 계속해서 '더, 더, 전보다 더!'를 원하게 됩니다. 이는 보상을 하는 입장에서나 받는 입장에서나 결코 바람직하지 않습니다. 그렇기 때문에 물질적인 보상은 신중해야 합니다. 일단 시작했다면 무언가 끝을 보겠다는 심정으로 크게 각오를 해야 합니다. 보상을 줄이거나 없애버리면 오히려 이전보다 능력이 더 떨어질 수도 있습니다.

일의 능률을 올리기 위해, 그리고 원하는 행동을 유도하기 위해 보상과 처벌을 점점 늘려나가는 것은 효과적이지만 부작용도 많습니다. 특히 보상과 처벌에 대해 당연히 여기고 무덤덤해지는 것을 경계해야 합니다. 또한 지속하기 어려운 보상과 처벌은 처음부터 되도록 사용하지 않아야 합니다. 중단됐을 때에는 더 좋지 않은 결과를 가져올 수 있기 때문입니다.

보상과 처벌이 아무리 강력한 수단이라 해도 사람 마음을 바꾸는 것은 쉬운 일이 아닙니다. 항상 의도한 대로 되지 않는 것이 사람이며, 또 어떻게 변할지 모르는 것도 사람입니다. 더 많은 보상, 더 많은 처벌이 당장 눈에 보이는 효과를 가져올 수는 있겠지만, 그 끝은 내가 의도한 것과 다를 수 있다는 것을 기억해야 합니다.

날 지켜보고 있어
– 호손 효과

　공개수업을 준비하다 보면 평소보다 더 생각나는 질문들이 있습니다. 좋은 수업이란 무엇일까? 무엇이 훌륭한 수업이고, 어떻게 해야 교실에 있는 모두에게 도움이 될까? 가르치는 입장에서, 또 배우는 입장에서는 어떤 수업이 맞는 걸까?

　공개수업에는 분명히 평소 수업보다 더 많은 준비가 필요합니다. 보는 눈이 많기 때문입니다. 그래서 평소에 사용하지 않던 교구를 꺼내는 등 잘 보이기 위한 준비를 하게 됩니다. 하지만 공개수업과 평소의 일상에 너무 차이가 나는 것도 좋지는 않습니다. 차이가 클수록 어색함도 커집니다. 그런 수업은 하는 입장에서나 보는 입장에서나 모두 불편합니다.

그렇다면 어떤 수업이 좋은 수업일까요? 좋은 수업을 위한 많은 교수법이 있지만, 제가 교수법을 선택할 때 가장 중요하게 생각하는 부분이 있습니다. 바로 아이들이 수업에 잘 참여하도록 하는 방법인지입니다.

아이들은 자신들이 관찰되고 있다는 것을 알면 더 적극적으로 참여할 가능성이 있습니다. 수업 시간이나 쉬는 시간에는 그렇게 산만하던 아이들도, 수업 참관을 위해 교실 뒤에 다른 선생님이나 학부모님이 오시면 얌전히 자기 자리를 정돈하고 수업 준비를 합니다. 수업이 진행되면 평소보다 더 열심히 발표하고 집중도 잘합니다. 평소에 소란을 피우던 아이들도 공개수업만 되면 얌전하게 변합니다. 그 모습을 보면 기특하면서도 평소에는 왜 그러지 못하는지 약간의 배신감이 들기도 합니다.

물론 어떻게든 튀어보려고 더 활발해지는 아이들도 있지만, 오히려 자신이 수업에 잘 참여하고 있다는 것을 보여주는 그들만의 방법이라고 생각하면 귀여울 때도 있습니다.

자신이 관찰되고 있다는 것을 알았을 때 행동이 바뀌는 현상을 '호손 효과'라고 합니다. 미국의 호손 공장에서 발견한 현상이라서 붙여진 이름입니다. 공장의 밝기에 따른 작업자의 생산성을 알아보는 실험을 했는데, 결과만 보면 작업자의 생산성이 올라가긴 했습니다. 문제는 밝기의 정도가 어떻든 생산성이 올라갔다는 것입니다.

사실 생산성이 향상된 원인은 공장의 밝기 때문이 아니라 작업자 옆에 있는 조사원 때문이었습니다. 옆에 있던 조사원의 존재가 작업자를 더 진지하게 일하도록 만든 것입니다. 자신을 지켜보는 상대의 기대에 부응하려 일하다 보니 생산성이 올라갔던 것이지요.

누군가 자신을 지켜보면 책임감이 올라갑니다. 호손 효과는 학습 성과를 향상시키기 위한 동기부여 도구로 사용될 수 있습니다. 교사는 호손 효과를 사용하여 아이들이 더 진지하게 공부하고 더 많은 노력을 기울이도록 격려할 수 있습니다. 수업 중에 아이들의 활동을 수시로 관찰하고 조언해 주면, 아이들은 선생님이 자신을 지켜보고 있다는 것을 느끼고 더 열심히 활동에 참여합니다.

달성 가능한 목표를 설정하고 정기적으로 피드백을 하는 것도 도움이 됩니다. 피드백을 통해 아이들은 자신들의 성과가 의미 있게 관찰되고 있으며, 어떤 노력을 더 해야 할지 깨달을 수 있습니다.

좋은 수업이 되려면 우선 아이들이 잘 참여해야 합니다. 아이들의 참여를 이끌어내기 위한 효과적이면서도 쉬운 방법은 아이들을 관찰하는 것입니다. 문제는 교실에 많은 아이들이 있을 때는 한정된 수업 시간 안에 모두를 살펴볼 수 없다는 것입니다. 아이들에게 개별적인 관심을 주는 것이 어려울뿐더러, 그로 인해 소외감을 느낄 수도 있고 필요한 도움을 받지 못할 수도 있습니다. 한정된 교실 자원 활용에 경쟁이 생길 수도 있습니다.

사실 한 교실에 몇 명의 아이들이 공부하는 것이 적당한지는 수업의 성격, 교실의 크기, 사용하는 교수법 등 많은 요소에 따라 달라지기에, 하나의 답이 있는 것이 아닙니다. 하지만 교사가 아이들에게 더 많은 관심을 가지려면 작은 학급이 큰 학급보다 효과적인 것도 사실입니다. 한 학급에 아이가 2명인 경우도 있었고, 28명인 경우도 있었는데, 장단점을 조합해 보면 한 반에 20명 이하 정도가 수업이나 학급 운영에 더 나은 결과를 볼 수 있을 것이라고 생각합니다.

사라진 기억
– 에빙하우스 망각곡선

  나름대로 계획을 잘 세웠다고 생각한 수업이 갑자기 막힐 때가 있습니다. 자료도 잘 준비했고, 먼저 배워야 할 것도 다 알려줬는데 말입니다. 아이들이 당연히 알고 있을 거라고 생각했는데, 막상 아무것도 모르고 기억하지 못하는 상황이 닥치면 더 이상 수업을 진행할 수 없습니다. 물론 반에서 한두 명이 그런 상황이라면 가볍게 다시 알려주고 다른 친구들에게 도움을 요청할 수도 있지만, 반 아이들 대부분이 그런 상황이라면 진행할 수가 없습니다. 다시 설명했을 때 '아하!' 하고 넘어가면 다행이지만 마치 처음 듣는 이야기인 듯 바라보면 속이 터집니다.

그러고 나면 그 아이들이 과연 어디까지 기억을 못 하는 걸까, 질문하며 기억을 거슬러 올라갑니다.

"애들아, 이건 기억나니? 안 나? 그럼 이건? 이것도? 진짜? 샘이 저번 시간에 알려준 건데? 이거 좀 전에 한 건데? 어떻게 이럴 수 있냐……."

당황스러운 건 한 달, 일주일, 하루도 아니고 5분, 10분 전에 말한 것도 기억하지 못하는 경우입니다. 그럴 땐 참 난감합니다. 정말 기억하지 못하는 건지, 기억하지 않았다고 말해야 하는 건지 알 수가 없습니다.

사회 수업 시간이었습니다. 고려 문화 관련 도서를 도서관에서 찾아보고 내용을 정리해서 발표하는 시간이었습니다. 어떤 내용을 정리해야 할지 어려워하는 아이가 있어서 함께 책을 살펴봤고, 고려청자와 불교에 대해 정리해 보자고 알려주었습니다. 그리고 다시 물었습니다.

"뭘 조사해 보자고 했었지?"

"……."

당황스러웠습니다. 같이 책을 살펴보며 짚어줬는데 말이죠. 알려주자마자 다시 물었는데 대답하지 못하는 것은 아마도 기억하지 않았다는 게 맞을 겁니다.

학습한 내용을 우리가 시간이 지날수록 얼마나 잊어버리는지 측정한 재밌는 연구가 있습니다. 19세기 독일의 심리학자 헤르만 에빙하우

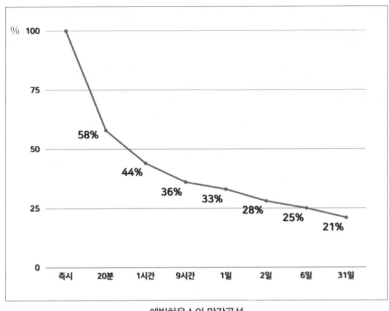

% 100

75

58%

50

44%

36% 33%

25 28% 25%

21%

0

즉시 20분 1시간 9시간 1일 2일 6일 31일

에빙하우스의 망각곡선

스는 의미가 없는 철자를 2천 개 이상 만들어 나열하여 외우게 하고, 그 무의미한 철자 목록을 순서대로 기억해 낼 때까지의 시간을 측정했습니다. 그리고 시간이 지난 뒤 목록을 복습했고, 다시 목록을 모두 정확하게 기억해 낼 수 있을 때까지의 시간을 측정했습니다. 외우고, 검사하고, 다시 외우는 실험 과정을 통해 시간에 따른 망각이 어떻게 일어나는지 파악하였습니다. 이를 그래프로 나타낸 것이 망각곡선입니다.

결과는 놀라웠습니다. 학습 직후 20분 만에 40%가 넘는 내용을 잊어버렸습니다. 수업 초반에 학습했다면 그 수업이 끝나기도 전에 잊어버릴 수도 있다는 뜻입니다. 한 시간이 지나면 절반이 넘는 내용을 잊어버리고, 하루가 지나면 3분의 1만 기억에 남습니다. 어제 배운 내용 3개 중 2개는 오늘 기억하지 못할 수도 있습니다. 이렇게 엄청난 속도로 기억이 사라진다면, 가르치는 입장이나 배우는 입장이나 참 난감하고 당황스럽습니다.

하지만 다행스럽게도 복습을 통해 기억을 되살릴 수 있습니다. 그러므로 꼭 기억해야 할 내용들은 복습을 통해 반복, 반복, 또 반복해야 합니다.

망각 속도를 늦추기 위한 복습 시기와 횟수를 연구한 결과도 있습니다. 이에 따르면 첫 복습은 학습 직후 10분 이내, 두 번째 복습은 24시간(하루) 이내, 세 번째 복습은 1주일 이내, 네 번째 복습은 한 달 이내를 추천한다고 합니다. 일정 시간 내에 복습을 반복하면 망각곡선이 점차 완만해져, 학습한 내용을 잊지 않게 된다고 합니다.

에빙하우스의 망각곡선은 무의미한 내용을 암기 대상으로 삼았기 때문에 실제로 이루어지는 수업에서의 망각 비율은 다를 수 있습니다. 수업에서 다루는 내용은 무의미한 것이 아니기 때문입니다. 하지만 명심해야 할 것은 복습하지 않으면 잊어버린다는 것입니다. 그래서 반드시 복습이 필요합니다.

학교를 마치고 바로 학원에 가는 아이들이 많습니다. 학원에선 선행학습이 이루어지기도 합니다. 망각곡선에 비추어보면, 선행학습보다는 오늘 배운 내용을 복습하는 것이 더 효과적입니다. 내일 배워야 할 것들로 오늘 저녁, 늦은 밤까지 힘들어하기보다는 오늘 배운 것을 다시 복습하고 기억할 수 있었으면 좋겠습니다.

복습에는 학습보다 긴 시간이 필요하지 않습니다. 쉬는 시간에, 집에 와서, 주말에 꾸준히 복습하면 못 할 것이 없습니다. 꽉 찬 일정에 힘들어하는 아이들이 학습 시간을 아끼고 더 즐거운 시간을 보냈으면 좋겠습니다.

천재 아니야?

– 지능검사

초등학생 때 IQ(지능지수) 검사를 한 적이 있습니다. 굉장히 높은 점수가 나왔지만 과연 신뢰할 만한 점수였는지 생각해 보면 지금도 잘 모르겠습니다. 검사의 신뢰도와 별개로 사람들은 지능지수를 쉽게 믿는 것 같습니다. 높게 측정되면 믿고 싶은 것일 수도 있겠지요.

인터넷으로 지능검사를 검색하면 다양한 검사방법이 나옵니다. 언뜻 봐도 재미로 한 번 해보는 정도의 문항으로 구성되어 있지만, 결과를 대하는 자세는 사뭇 진지합니다. '내가 이 정도밖에 안 되나?', '오, 생각보다 높은데?'

예전에는 학교에서 정기적으로 시험을 치렀고 성적순으로 줄을 세웠습니다. 반에서 1등을 하거나 전교에서 몇 등 안에 들면 으레 칭찬을 받았고, 심지어 성적표에 적힌 점수만으로 미래의 직업이 결정되기도 했습니다.

이렇게 오랜 세월 동안 우리 사회는 머리 좋은 사람을 최고로 여겨왔습니다. 공부 잘하는 사람이 곧 똑똑한 사람이고, 능력 있는 사람이라는 인식이 뿌리 깊게 박혀 있었던 것입니다. 그렇다 보니 자연스럽게학업 성취도가 높은 영재 교육에 대한 관심도 높아졌습니다. 각종 매스컴에서는 천재 소년, 천재 소녀라며 어린 나이에 대학에 입학한 사례를소개했고, 부모들은 자녀를 엘리트 코스에 진입시키기 위해 갖은 노력을 기울였습니다. 덕분에 오늘날 대한민국은 명실상부한 인재 강국으로 우뚝 설 수 있었습니다.

그럼 이쯤에서 질문 하나를 던져보겠습니다. 여러분이 생각하는지능이란 무엇인가요? 혹시 남들보다 조금 더 빨리 계산하고 암기하는능력을 떠올리진 않았나요?

사실 지능을 정의하는 것은 간단한 일이 아닙니다. 개인의 가치관,학문, 문화, 시대 등에 따라서도 정의는 달라질 수 있습니다. 다만 다양한 분야에서 공통으로 제시하는 정의를 제시해 보면, 지능이란 주어진정보를 이해하고 그 정보를 활용하여 문제를 해결하거나, 결정을 내리거나, 새로운 환경에 적응하는 능력이라는 것입니다. 따라서 이제부터라도 주입식 교육 방식에서 벗어나 창의력과 사고력을 키워주는 방향으로 나아가야 합니다. 그래야만 시대에 걸맞은 인재를 양성할 수 있을 테니 말입니다.

아직도 우리가 지능지수에 높은 관심을 보이는 이유는 무엇일까요? 지능지수가 학업 성취도와 관련이 깊다고 생각하기 때문일 것입니다. 만약 정말로 그렇다면 얼마나 좋을까요. 인간의 뇌는 매우 복잡하여 다양한 영역이 상호작용하는데, 단지 수치로만 표현될 수 없습니다. 따라서 단순한 테스트만으로 측정하는 건 불가능합니다.

타고난 재능보다는 후천적인 노력이 더 중요할 수도 있습니다. 선천적으로 머리가 좋은 사람이라도 환경 요인에 의해 충분히 달라질 수 있습니다. 아인슈타인은 천재라는 소리를 들을 만큼 똑똑했지만 어린 시절엔 학습 부진아로 낙인찍힐 정도로 공부를 못했다고 합니다. 그리고 훗날 위대한 과학자가 되기까지는 부단한 노력이 뒷받침되었다고 합니다. 이제부터라도 IQ 하나로 모든 걸 평가하려는 태도는 지양해야 하지 않을까요?

학교 성적만으로 개인의 지적 능력을 판단한다는 건 어불성설입니다. 머리 좋다는 소리를 듣는다고 인생이 크게 달라지는 것도 아닙니다. 사회생활을 하다 보면 더더욱 공감할 것입니다. 똑똑하다고 일 잘하고 돈 잘 버는 건 아니더라는 겁니다. 세상엔 다양한 유형의 사람들이 존재하는데, 오직 하나의 잣대로만 평가하려 드니 부작용이 생기는 것 같습니다.

　다행히 예전과는 달리 현대사회에서는 창의력과 사고력이 중시되고 있습니다. 그러므로 획일화된 기준 대신 각자의 개성과 장점을 살려주는 방향으로 나아가야 한다고 생각합니다. 그래야 모두가 만족스러운 결과를 얻을 수 있지 않을까요?

　지능지수가 높다고 해서 반드시 공부를 잘한다는 보장은 없습니다. 물론 높은 성적을 받는 데 유리한 조건이라는 것은 분명하지요. 다만 그것만으로 모든 걸 판단해선 안 됩니다. 개인에 따라 학습 능력에는 차이가 있기 때문입니다. 무작정 지능지수로만 평가한다면 다양한 재능을 가진 인재를 놓칠 수 있습니다. 그러므로 이제부터라도 편견 없이 바라봐야 합니다. 그래야 각자의 잠재력을 발견하고 키워줄 수 있을 것입니다.

또래 관계를 위한
심리학

친해지고 싶어
– 관계 맺기

　새 학기가 시작되면 새로운 친구 사귀기에 대한 걱정으로 밤잠을 설치는 아이들이 적지 않을 겁니다. 낯선 환경 속에서 누군가에게 먼저 다가간다는 건 결코 쉬운 일이 아닙니다. 친구 사귀기는 아이들만의 고민은 아닙니다. 새 학기가 되면 학부모님들의 걱정도 이만저만이 아닙니다. 아이가 새로운 환경에 잘 적응할지, 나쁜 영향을 받진 않을지 노심초사하게 됩니다. 또 학교폭력 등 각종 범죄로부터 안전할지, 왕따라도 당하지는 않는지 등등 신경 써야 할 부분도 한두 가지가 아닙니다.

　이런 걱정들은 결국 내 아이 주변에 어떤 친구들이 있는지에 따라 걱정으로만 끝날 수도, 문제로 발생할 수도 있습니다. 내 아이 곁에 공부도 잘하고 착한 모범생 친구가 있다면 얼마나 좋을까 기대도 합니다. 그러나 세상 일이라는 게 그렇지 않습니다. 좋은 친구라고 믿었던 녀석이 어느 날 갑자기 뒤통수를 치기도 하고, 반대로 별 볼 일 없던 녀석에게 의외로 괜찮은 구석이 있기도 합니다. 결국 관건은 얼마나 다양한 친구들을 만나느냐에 달려 있습니다. 나와 코드가 맞는 친구 몇 명만 있어도 학교생활이 즐거워집니다. 굳이 무리 지어 다닐 필요도 없습니다. 서로 부족한 부분을 채워주며 함께 성장하면 됩니다.

아이들은 어떤 친구를 사귀는지에 따라 달라집니다. 학업 성적부터 성격, 사회성 등 많은 부분이 친구와 관계되어 있습니다. 함께 공부하면 서로 자극제가 되어 학습 능률이 오를 수도 있고, 다양한 활동을 함께 하면서 사회성을 기르고 정서적으로 안정되기도 합니다. 반대로 범죄에 노출될 위험이 있거나 따돌림을 당할 수도 있습니다. 그러므로 올바르게 성장하려면 좋은 친구를 만나야 합니다.

물론 어떤 친구가 좋은 친구인지는 사람들마다 의견이 다릅니다. 학업 능력, 성격, 가정환경 등 그 아이가 가지고 있는 조건으로 좋은 친구냐 아니냐를 판단하는 사람도 있습니다. 이런 조건들도 물론 중요한 것이긴 합니다. 하지만 좋은 배경을 가진 사람이 반드시 좋은 사람은 아니듯 공부를 잘한다고, 성격이 좋다고, 가정환경이 훌륭하다고 해서 좋은 친구가 되는 것은 아닙니다. 공부는 못해도, 성격이 조금 모나도,

가정환경이 좋지 않아도 서로에게 긍정적인 영향을 준다면 좋은 친구가 될 수 있습니다. 결국 좋은 친구인지 아닌지는 사귀어봐야 알 수 있는 것입니다.

어떤 친구를 만나느냐 이전에, 일단 누군가와 친해지는 것부터 어려워하는 아이들이 있습니다. 낯가림도 심하고, 낯선 환경에 적응하는 데 시간이 오래 걸리기도 합니다. 그렇다 보니 새로운 친구를 사귀는 데에도 어려움을 겪습니다. 부모님 입장에서는 조금이라도 친구를 사귀는 데 도움이 될까 싶어 집으로 초대하기도 하고, 같이 맛있는 음식을 사 먹으라며 용돈을 주기도 합니다. 물론 이런 노력이 친구 사귀기에 도움을 줄 수도 있지만, 결국 친구를 사귀려면 아이 스스로 노력해야 합니다. 그렇다면 어떻게 해야 할까요?

사회심리학자들은 관계를 맺는 것에도 방법이 있다고 말합니다. 첫 번째 방법은 자신을 드러내는 것입니다. 친한 친구들은 서로에 대해 많이 알고 있습니다. 친하다 보니 많이 알게 된 것일 수도 있고, 많이 알다 보니 친하게 된 것일 수도 있습니다. 중요한 것은 자신을 드러냈다는 것입니다.

자신이 어떤 사람인지 드러내야 마음을 나눌 수 있습니다. 자신에 대해 알려주지 않으면 상대방이 다가올 수 없습니다. 무엇을 좋아하는지, 무엇에 관심이 있는지 알아야 매력을 느끼고 가깝게 지낼 수 있습니다. 친해진다는 것은 조금씩 공유하는 것들이 늘어난다는 것이니까요. 그렇다고 무턱대고 내 모든 것을 알려주어서는 안 됩니다. 너무 깊은 개인사까지 알려주면 오히려 부담을 느끼게 됩니다. 차근차근 서로를 드러내는 것이 좋습니다.

두 번째 방법은 서로 주고받는 것이 비슷해야 한다는 것입니다. 가는 것이 있으면 오는 것도 있어야 합니다. 물질적인 것만을 말하는 것은 아닙니다. 나는 이야기를 잘 들어주는데 상대방이 내 이야기를 잘 들어주지 않는다면 관계가 오래 유지될 수 없습니다. 한쪽만 일방적인 관계는 결국 무너질 수밖에 없습니다. 눈에 보이는 것이든 보이지 않는 것이든 서로 비슷하게 주고받아야 합니다.

세 번째 방법은 서로 공평해야 한다는 것입니다. 공평하지 않은 관계는 항상 화를 부릅니다. 불공평하게 희생당하고 있다고 생각하는 쪽은 관계를 지속하기 힘들다고 판단하고, 관계에서 이탈해 버릴 수 있습니다. 사실 가까울수록 공평하기 위한 노력을 게을리하기 쉬우므로, 공평하기가 더 어렵기도 합니다. 서로 친해지면 대부분 이해해 줄 거라는 생각으로 상대방을 배려하지 않을 때가 있습니다. 친구 사이도 그렇지만, 사실 가장 가까운 관계라는 부부를 보면 확실히 느낄 수 있습니다. 함께하는 것들이 많지만 분명 각자의 역할이 다르기 때문에 언제나 공평할 수는 없는 관계입니다. 늘 그래왔으니 이 정도는 상대방도 이해할 거라고 생각하는 것이지요. 그러나 이해는 이해고, 한쪽이 희생한 만큼 보상이 주어져야 하는데, 때로는 어떻게 보상해야 할지 몰라 문제가 되기도 합니다. 정말 오묘한 관계입니다.

들리는 걸 어떡해
– 칵테일파티 효과

아파트 생활자가 늘어나는 만큼 층간소음 갈등 사례도 늘어나고 있습니다. 이웃 간의 사소한 다툼 정도로 치부되던 일이, 위층이나 아래층으로 찾아가 흉기를 휘두르는 등 심각한 범죄로까지 이어지고 있어 이제는 단순한 소음 문제로만 볼 수 없습니다. 자칫하면 끔찍한 인명 피해가 발생할 수 있기에, 이웃사촌이라는 말이 무색한 상황입니다. 물론 서로 조심하면 해결될 일이지만 이게 말처럼 쉽지 않습니다. 내 집에서 마음대로 걷지도 못하고 뛰지도 못한다면 얼마나 답답할까요. 천장을 향해 쏘는 스피커까지 나온 것을 보면 서로 조심한다고 해서 끝날 일은 아닌 듯합니다.

층간소음 문제가 아파트 같은 공동주택에서만 일어나는 것은 아닙니다. 학교에서도 층간소음이 발생합니다. 수업 도중 갑자기 어디선가 쿵쾅거리는 소리가 들리곤 하지요. 의자를 끌고 장난을 치거나 교실이나 복도에서 뛰어다니는 소리일 수도 있습니다. 수업 시간, 쉬는 시간을 가리지도 않습니다. 신체 활동이 많은 수업을 하다 보면, 아래층에서 너무 시끄럽더라는 말을 해오기도 합니다. 물론 서로 이해할 수 있는 상황이기에 아파트 층간소음처럼 문제가 커지지는 않습니다.

소음 중에는 처음부터 크게 들려서 신경 쓰이는 것이 있는가 하면, 처음에는 작게 들리던 것이 신경을 쓰기 시작하면서 점점 더 크게 들리는 경우도 있습니다. 이런 경우 소음의 원인이 되는 사람들이 점점 미워지고 짜증이 납니다. 그러면 괜히 화가 치밀어 오르고, 급기야 보복 심리가 발동하기도 합니다. 어느새 상대방을 이해하려는 마음은 사라져버리는, 악순환의 연속입니다. 계속 신경이 곤두서 있으니 다시 조그만 소음에도 민감하게 반응하게 되고, 또다시 분노 게이지가 상승할 수밖에 없습니다.

이때는 조그만 소음조차 짜증을 유발하는 중요한 원인이 됩니다. 부정적인 정보지만 자신에게는 의미 있는 정보입니다. 이처럼 자신에게 의미 있는 정보, 혹은 자신과 관련된 정보가 유독 잘 들리는 현상을 '칵테일파티 효과'라고 합니다. 시끄러운 칵테일파티에서도 자신이

들고자 하는 소리는 집중하여 들을 수 있고, 더 잘 들린다는 것입니다. 층간소음처럼 부정적인 정보는 칵테일파티 효과가 더 강렬하다고 합니다.

그렇다면 칵테일파티 효과는 왜 일어나는 것일까요?

인간의 뇌는 한꺼번에 처리할 수 있는 용량에 한계가 있어 주변의 수많은 정보들을 모두 받아들일 수 없습니다. 즉, 불필요한 정보는 거르고 필요한 정보만 고르기 때문입니다.

그런데 앞에서 말했듯 부정적인 정보의 칵테일파티 효과가 더 강렬하다고 합니다. 열등감이 있는 사람이 자신을 흉보는 소리를 더 잘 듣는 경우도 여기에 속합니다. 이런 사람들은 대개 타인의 평가에 지나치게 민감하게 반응합니다. 누가 뭐라고 하지 않아도 혼자 끙끙 앓으며 괴로워합니다. 심지어 자기 비하에 빠져 우울증에 걸리기도 합니다. 부정적인 감정일수록 전염성도 강합니다.

긍정적인 감정을 이끌어내기 위해서는 자기 마음속에 자리 잡은 나쁜 감정부터 몰아내야 합니다. 매일 잠들기 전 그날 있었던 일 가운데 감사했던 일을 떠올려보는 것도 좋습니다. 틈틈이 스트레칭을 하거나 산책을 하는 것도 좋습니다. 비난 대신 격려의 말을 하고, 타인으로부터 받은 호의를 갚는 것도 좋습니다.

칵테일파티 효과는 소리에만 국한된 것은 아닙니다. 수업에 집중하기 위해 예습을 하는 것도 칵테일파티 효과의 한 예입니다. 미리 공부하면 아는 내용이 더 잘 들려 집중할 수 있습니다. 예습 과정에서 완벽하게 이해할 필요는 없습니다. 배울 내용을 미리 읽어보고 모르는 것을 확인하는 정도면 충분합니다.

한편 다이어트를 할 때에도 칵테일파티 효과를 확인할 수 있습니다. 다이어트 중인 사람들에게는 음식이 간절한 만큼 음식과 관련된 정보가 더 강렬하게 들어오는 것이지요. 식단 관리 때문에 먹지 않고 굶다 보면 오히려 음식에 예민해집니다. 치킨 냄새가 평소보다 더 공격적으로 코를 자극합니다. 다이어트로 지친 몸을 이끌고 엘리베이터를 탔는데 배달 중인 치킨 냄새를 맡게 되면 마음이 복잡해지는 것이지요.

이렇게 우리는 주변에서 생각보다 쉽게 칵테일파티 효과를 찾아볼 수 있습니다. 그렇다면 우리에게 도움이 되는 정보가 더 눈에 잘 들어오도록, 귀에 잘 들리도록 하기 위해 더 의미 있는 것들에 관심을 가지는 것도 칵테일파티 효과를 활용하는 좋은 방법이 아닐까요?

정말 그랬다고?

– 목격자 기억

아이들이 모여 놀다 보면 크고 작은 다툼이 일어나곤 합니다. 서로 자기주장만 내세우다가 감정이 격해져 주먹다짐으로까지 이어지는 경우도 더러 있습니다. 물론 어른들 눈에는 철없는 행동으로 보일 수도 있지만, 당사자 입장에서는 나름대로 진지한 고민 끝에 내린 결정이었을 것입니다. 때로는 사소한 일처럼 보이는데 쉽게 토라지거나 삐쳐서 며칠 동안 말도 안 하고 지내기도 합니다. 나중에 생각해 보면 별것도 아닌데 그땐 왜 그리 심각했는지, 아마 본인들도 모를 겁니다.

마음속에 담아둔 상처가 컸고 그걸 밖으로 표출해야만 직성이 풀리는 경우도 있습니다. 어릴 때 많이 들었던 말이 있습니다. "애들은 싸우면서 크는 거야."

맞는 말입니다. 싸우지 않고 큰 애들이 과연 얼마나 있을까요. 물론 싸움만 하면서 크는 것도 아닙니다. 컸다고 해서 싸움이 없는 것도 아닙니다. 살다 보면 싸우기 마련이지만 서로 감정이 상하면 관계가 틀어질 수 있기 때문에 되도록 빨리 푸는 게 좋습니다. 물론 쉽지는 않습니다. 상대방 입장에서는 내가 먼저 사과하길 바랄 테고 나 역시 마찬가지니까요.

이럴 땐 무작정 화내기보다는 대화를 통해 해결책을 모색해야 합니다. 그래야 앙금이 남지 않고 깔끔하게 마무리될 수 있습니다. 그럼 구체적으로 어떻게 해야 할까요?

우선 상대의 마음을 헤아리는 자세가 필요합니다. 그리고 진심 어린 사과를 건네야 합니다. 만약 자존심 때문에 선뜻 입이 떨어지지 않는다면 편지를 쓰는 것도 좋은 방법입니다. 단, 주의할 점이 있습니다. 자칫 변명조로 들릴 수 있으니 최대한 간결하고 솔직하게 써야 한다는 것입니다. 마지막으로 용서를 구하는 일 못지않게 중요한 것이 바로 적절한 보상입니다. 물질적인 선물이든 정신적인 위로든, 뭐든지 괜찮습니다.

학교 현장에서 크고 작은 다툼이 일어나면 선생님으로서 난감해지는데, 한쪽의 편을 들 수도 없고 그렇다고 방관할 수도 없기 때문입니다. 물론 양쪽 모두에게 주의를 주고 화해를 유도하면 되지만, 그것만으로는 부족하다는 생각이 듭니다. 둘 다 혼내주는 게 낫지 않을까요? 그래야 공평하니까요. 그럼 누가 먼저 시비를 걸었든 똑같이 벌을 주면 될까요? 아니면 싸운 정도에 따라 처벌 수위를 달리해야 할까요? 정답은 없습니다. 다만 분명한 건 중립을 지키는 일이 결코 쉽지 않다는 것입니다. 아무튼 이 사태를 해결하기 위해 교사는 현명한 중재자이자 공정한 심판관 역할을 맡아야 합니다.

우선 당사자들끼리 대화를 통해 해결하도록 유도하고, 만약 서로 양보하지 않는다면 제3자를 개입시켜 화해를 주선해 볼 수 있습니다. 물론 양쪽 모두 만족할 만한 결과를 도출해야 뒷말이 나오지 않습니다. 하지만 제3자도 다툼에 휘말릴 수 있기 때문에, 교사의 조율이 필요합니다.

다음으로는 시시비비를 가려야 합니다. 누가 먼저 시비를 걸었는지, 또 피해 정도는 어떤지 꼼꼼히 따져봐야 합니다. 그런 뒤 가해 학생에게는 적절한 처벌을 내리고 피해 학생에게는 위로와 격려를 해줘야 합니다. 마지막으로 재발 방지를 약속받고 마무리 짓습니다. 학교폭력위원회까지 열리지 않는 이상 대부분의 다툼은 이런 과정으로 이어집니다.

그런데 시시비비를 가리는 과정에서 자신의 잘못을 인정하는 경우도 있지만, 좀처럼 풀릴 기미가 보이지 않는 경우도 있습니다. 당사자들에게 자초지종을 물으면 모두 자기 입장에서만 이야기합니다. 그렇게 되면 도저히 합의점을 찾을 수 없습니다. 양쪽 모두 억울함을 호소하기도 합니다. 이럴 땐 섣불리 판단하려 들지 말고 일단 중립적인 입장을 취하는 것이 좋습니다. 불필요한 오해 없이 원만히 해결하려면 당사자끼리 대화를 통해 잘잘못을 가리는 것이 가장 좋지만, 풀릴 기미가 보이지 않을 경우 객관적인 상황 파악을 위해 다툼의 목격자를 부르기도 합니다. 여러 명의 목격자가 같은 이야기를 한다면 어느 정도 객관성을 확보할 수 있습니다. 문제는 목격자가 단 한 명인 경우입니다. 분명 그 다툼의 현장에 있었지만, 그 상황을 완전하게 기억하고 있다는 보장이 없습니다.

사실 사람의 기억은 완전하지 않습니다. 최근에 일어난 일도 어설프게 기억할 수 있고, 그 빈틈을 가상의 이야기로 채워 넣기도 합니다. 그렇게 완전하지 않지만 완전하다고 여기는 기억을 가지는 것이 사람입니다. 목격자가 무엇을 보았는지에 대한 대답은 제시된 질문에 따라 왜곡될 수도 있습니다. 목격자가 어느 한쪽에 품고 있는 감정에 따라 기억은 얼마든지 왜곡될 수 있고, 없던 기억이 만들어지기도 합니다. 때로는 만들어진 기억을 진짜 있었던 것처럼 믿게 되는 경우도 있습니다.

인간관계만큼 어려운 일도 없습니다. 내 마음 같지 않아서입니다. 다양한 갈등 상황에 직면하게 되면 서로 양보하여 합의점을 찾는 일이 매우 중요합니다. 만약 한쪽 입장만 내세우거나 상대방의 의견을 무시한다면 결코 좋은 결과를 얻을 수 없습니다. 양측 모두가 만족할 수 있는 방안을 도출해야 하는데, 이게 말처럼 쉬운 일이 아닙니다. 억울한 상황을 만들지 않도록 화해를 권하고 시비를 가리긴 하지만, 잘잘못을 가려내는 것이 교사가 해야 할 역할의 전부는 아닙니다. 서로의 관심과 욕구를 알게 하고 갈등 해결을 위해 필요한 행동을 아이들 스스로 결정할 수 있도록 이끌어주는 역할도 해야 합니다.

너에게 빠지고 말았어

- 매력

만약 초등학생인 내 자식이 이성 친구를 사귀고 있다면 어떨까
요? 아마 걱정스러운 마음에 반대하실 분들이 많을 테고, 한창 공부해
야 할 나이에 무슨 연애냐며 펄쩍 뛸 것입니다. 그런데도 굳이 허락한
다면 아마도 학업에 지장을 받지 않는 선에서 건전하게 교제하길 바랄
것입니다.

교사로 지내오면서 본 아이들의 연애는 저것이 연애가 맞나 싶은
정도였습니다. 적어도 학교에서는 두 사람이 사귀는 게 맞는지 알기 힘
들고, 주변 아이들이 누구랑 누가 사귄다고 알려줘야 그제야 알게 되는

수준이었습니다. 티를 내지도, 부끄러워하지도 않는 너무나 평범한 모습이었습니다. 어쩌면 어른이 생각하는 사귄다는 말의 의미와 아이들이 생각하는 의미가 다르기 때문에 벌어진 착각일지도 모릅니다. 특별히 가깝게 붙어 지내야 사귀는 것 아니냐는 구닥다리 생각을 가지고 있어서, 아이들의 관계를 제대로 이해하지 못하는 것일 수도 있습니다.

그러면 어떤 모습이 사귀는 모습이냐고 반문한다면 글쎄요, 딱 이거라고 정의하긴 힘들 것 같습니다. 그렇지만 서로 매력을 느꼈기 때문에 사귄다고 말하는 것 아닐까요?

매력은 사람의 마음을 끌어들이는 힘입니다. 매력적인 사람은 사람을 끌어들이는 힘이 있는 사람입니다. 물론 꼭 누구와 사귈 때만 매력을 느끼는 것은 아닙니다. 업무적인 면에서 매력적인 사람도 있고, 존경하는 사람도 매력이 있습니다. 하지만 가장 관심이 가는 쪽은 역시 내가 좋아하는 사람에게서 느끼는 매력일 것입니다. 첫눈에 매력을 느꼈을 수도 있고, 서서히 매력을 느꼈을 수도 있습니다. 언제 매력을 느꼈든, 자꾸만 그 사람에게 눈이 가고 신경 쓰게 되는 것을 사랑에 빠졌다고 말합니다. 아직 내 마음이 그 사람에게 전달되지 않았다면 짝사랑이겠지요. 그러다 상대방도 내 매력에 빠지면 비로소 사랑이 이루어졌다고 할 수 있을 겁니다.

상대방이 내게 관심을 가질 수 있게 하는 심리학 이론이 있습니다.

매력에 빠지게 하는 조건들입니다.

첫 번째 조건은 가까운 곳에 있으라는 것입니다. 상대와 가까운 곳에 있어야 매력을 느낄 수 있는 확률이 높아진다고 합니다. 문득 짝을 멀리서 찾지 말라던 어른들의 말이 떠오릅니다.

사실 가까이서 자주 봐야 다양한 모습을 보게 되고, 매력적인 점도 보입니다. 어쩌면 당연한 일입니다. 자주 보면 감정적으로 더 가까워지고 호감이 커집니다. 반대로 멀어지게 되면 마음도 멀어집니다. 몸이 멀어지면 마음도 멀어진다는 말이 괜히 있는 것이 아닙니다. 자주 보는 것이 중요합니다.

두 번째 조건은 비슷한 사람에게 매력을 느낀다는 것입니다. 자신과 비슷한 점이 많은 사람에게 더 큰 관심이 가는 것이 사실입니다. 같은 취미, 같은 종교, 같은 학교, 같은 직장 등 공통점이 많으면 서로 이야기할 것도 많고, 그만큼 마음의 거리도 쉽게 좁혀집니다. 비슷한 경험은 비슷한 감정을 느끼게 하고, 그만큼 상대방에게 공감할 수 있습니다. 가까운 사람들은 비슷한 점을 갖고 있기 마련입니다.

세 번째 조건은 호감이 가는 겉모습입니다. 우리는 선천적으로 아름다운 것을 좋아합니다. 겉모습이 전부는 아니라고 말하지만, 다른 판단 근거가 부족할 때는 겉모습이 그 사람을 판단하는 큰 기준이 되기도 합니다. 자신을 가꾸기 위해 노력하는 만큼 괜찮은 사람이라고 생각할 수도 있고, 후광 효과의 영향으로 외모가 뛰어나면 성격도 좋을 것 같다거나 부지런하고 똑똑할 거라고 예상하기도 합니다. 그렇지만 이러한 것들은 편견이 될 수 있으니 조심해야 하는 부분입니다.

우리의 본능이 아름다움을 쫓는 이상, 겉모습에 신경을 쓰게 되는 것은 자연스러운 일일 것입니다. 그러나 겉모습에 자신이 없다고 낙담할 필요도 없습니다. 사람들은 자신과 얼마나 유사한지를 더 중요하게 여기고, 비슷한 매력을 가진 사람들에게 서로 마음을 여니까요.

네 번째 조건은 먼저 좋아하라는 것입니다. 사람은 자신에게 호의적인 사람에게 끌리게 마련입니다. 나를 먼저 챙겨주는 사람에게 마음이 가고, 보이지 않던 그 사람의 매력이 보이게 됩니다. 또 먼저 호의를 보이는 것은 상대방의 걱정을 덜어주기도 합니다. 나를 좋지 않게 생각하면 어쩌나 하는 걱정 말입니다. 게다가 대부분의 사람들은 자신이 받은 만큼 돌려주어야 한다고 생각하고, 나에게 잘해주는 만큼 상대방에게도 잘해주고 싶어집니다. 그러므로 먼저 잘해주면 상대의 마음도 쉽게 열립니다. 이는 어떤 인간관계에서든 통하는 것 같습니다.

누군가 나에게 친절을 베풀었을 때 나도 모르게 경계심을 드러낸 적이 있나요? 아마 한 번쯤은 경험했을 것입니다. 상대방은 별다른 의도 없이 선의를 베푼 것인데 내가 괜히 예민하게 구는 건가 싶기도 하고, 괜스레 미안해지기도 합니다. 물론 나쁜 의도를 가지고 접근했을 수도 있지만, 대개는 순수한 마음에서 우러나온 행동이었을 확률이 높습니다. 그럼에도 괜한 오해를 사는 바람에 관계가 틀어지는 경우가 적지 않습니다.

이럴 때는 먼저 자신의 태도를 돌아볼 필요가 있습니다. 상대방의 호의에 의도가 있다고 생각하면 경계심을 가지게 됩니다. 그러다가 혹시라도 무의식중에 상대를 무시하거나 깔보는 언행을 하지는 않았는지도 돌이켜보고, 만약 그랬다면 반드시 사과해야 합니다. 상대방의 호의에 대해 기분이 좋은지 나쁜지는 결국 자신에게 달린 것입니다.

보고도 모른 척
- 방관자 효과

　간간이 들려오는 따뜻한 뉴스들이 있습니다. 갑자기 쓰러진 심정지 환자를 지나가던 사람이 발견하고 심폐소생술 등 신속한 응급처치로 살려냈다는 소식 같은 것 말입니다. 심정지 환자는 골든 타임 내에 응급 처치를 하지 않으면 사망 확률이 매우 높습니다. 따라서 목격자가 즉시 심폐소생술을 시행하는 것이 관건입니다. 이때 주변에 아무도 없다면 혼자 힘으로 처치해야 하는데, 만약 제대로 배우지 않았다면 당황스럽고 막막할 것입니다.

　요즘에는 사회 전반에서 심폐소생술에 대한 관심이 높아졌고, 자동

제세동기가 배치된 곳도 늘어나고 있습니다. 학교에서는 교사와 학생을 대상으로 심폐소생술 교육을 실시하고 있습니다.

누군가 쓰러졌다면 먼저 119에 신고하고, 구급대원이 도착할 때까지 흉부 압박 및 인공호흡을 실시해야 합니다. 심폐소생술을 실시하는 사람은 신고로 시간을 지체할 수 없기 때문에 다른 사람에게 신고를 부탁하게 되는데, 이때 항상 강조하는 점이 있습니다. 반드시 특정인을 지목하여 신고를 부탁해야 한다는 것입니다. 주변에 사람들이 많으면 분명 누군가가 신고하여 일이 잘 해결될 것 같지만, 오히려 아무도 신고하지 않을 확률이 높아질 수도 있습니다. 자신이 나서지 않아도 다른 이가 나서서 도와줄 것이라고 생각하기 때문입니다. 그래서 지목받은 사람이 반드시 신고할 수 있도록 특정인을 지목하라는 것입니다.

주위에 사람이 많을수록 오히려 어려운 상황에 처한 사람을 돕지 않는 현상을 '방관자 효과'라고 합니다. 실제로 여러 방송에서 실험해 본 결과, 사람들이 많이 있었음에도 누군가 먼저 나서기 전까지는 아무도 움직이지 않는 상황이 발생하기도 했습니다.

여러 사람에게 책임이 분산되면 서로 미루게 됩니다. 길거리에 쓰러진 사람을 보고도 많은 사람이 그냥 지나쳐 가는 일뿐 아니라 대통령이나 국회의원 등을 뽑는 선거일에 투표를 하지 않고 놀러 가는 것도 마찬가지 사례입니다. 모둠 활동에서 나 몰라라 하며 남에게 일을 미루는 것도 같은 경우이지요. 모두가 관심을 가지고 힘을 합쳐야 하는 사회적 문제, 환경 문제에 대해 노력하자고 말하면서도 정작 자신은 지키지 않는 것입니다.

나쁜 의도가 있어야만 나쁜 행동인 것은 아닙니다. 아무것도 하지 않는 것 자체가 나쁜 행동이 될 수도 있습니다. 나서지 않는 것은 자연스러운 현상이지만, 그냥 두어서는 안 됩니다. 우리 자신도 책임을 미루고 있지는 않은지 늘 경계해야 할 것 같습니다.

학교폭력에서도 방관자 효과를 찾아볼 수 있습니다. 학교폭력 피해자와 가해자 사이에는 제3자가 있습니다. 주변에 친구들이 있는데도, 아무도 도와주지 않아 안타까운 일이 발생하기도 합니다. 왕따를 당하는 친구를 목격하고도 모른 척하면, 피해 학생은 심각한 고통을 겪게 됩니다. 대부분은 자신도 같이 휘말릴까 걱정되는 마음에 외면하는 것이겠지요. 싸우는 당사자들 사이에 다른 사람이 끼어들면 괜히 상황만 안 좋아질 수 있다며 내버려두라고 말하기도 합니다. 그러나 만약 누군가 괴롭힘을 당하고 있다면 적극적으로 도와줘야 합니다. 그래야 설령 상황이 나빠질지언정 최악의 상황을 막을 수 있습니다.

나치가 공산주의자들을 덮쳤을 때, 나는 침묵했다.
나는 공산주의자가 아니었기 때문이다.
그다음에 그들이 사민당원들을 가두었을 때, 나는 침묵했다.
나는 사민당원이 아니었기 때문이다.

그다음에 그들이 노동조합원을 덮쳤을 때, 나는 침묵했다.

나는 노동조합원이 아니었기 때문이다.

그들이 나에게 닥쳤을 때는, 나를 위해 말해줄 이들이 아무도 남아 있지 않았다.

방관자 효과를 경고하는 글로 알려진 마르틴 니묄러 목사의 〈처음 그들이 왔을 때(First They Came)〉라는 글입니다. 1955년에 발표된 이 글은 지금까지도 큰 울림을 줍니다. 한때 나치당을 지지하고 했다고 알려졌던 마르틴 니묄러 목사는 나치당이 교회에 대한 간섭을 강화하자 반나치주의자로 돌아서며 수용소에 끌려가기도 했습니다.

아무것도 하지 않은, 침묵의 대가는 무엇일까요.

이게다그거때문이야
- 귀인

학교 다닐 때 누구나 한 번쯤은 받아봤을 법한 질문이 있습니다. 선생님께서 수업 도중 갑자기 "시험 볼래?"라고 물으시면 아이들은 하나같이 손사래를 치며 거부합니다. 지금이야 교사의 입장이기에 웃으면서 말하지만, 아이들에게는 정말이지 끔찍한 말일 겁니다. 이렇게 대부분의 학생들이 싫어하는데도 굳이 시험을 봐야 하는 이유는 뭘까요? 도대체 누가 시험이란 것을 만들었길래 이토록 괴로운 걸까요?

학창 시절 누구나 한 번쯤은 시험 스트레스를 겪어봤을 것입니다. 성적이 잘 나오면 기분이 좋지만 반대의 경우라면 며칠 동안 우울감에 시달리기도 합니다. 물론 공부 자체가 싫은 건 아니지만 점수라는 숫자 앞에서는 한없이 작아지는 자신을 발견하곤 합니다.

저 역시 마찬가지였습니다. 열심히 준비했는데 원하는 만큼 성적이 나오지 않으면 속상함을 넘어 분노까지 치밀었습니다. 그럴 때면 스스로에게 화를 내기도 했습니다. 하지만 돌이켜보면 그런 감정 소모야말로 쓸데없는 짓이었습니다. 어차피 지나간 일이고 되돌릴 수도 없는데 괜히 마음만 상하니까 말입니다. 차라리 다음 시험을 대비하여 부족한 부분을 보완하는 편이 낫습니다. 그래야 똑같은 실수를 반복하지 않을 테니까요. 그리고 또 하나! 평소 꾸준히 공부하는 습관을 들이는 것도 중요합니다. 벼락치기로는 한계가 있기 마련입니다.

사람들은 알게 모르게 결과에 대해 이유를 찾곤 합니다. 아이가 시험을 잘 보면 "역시 머리가 좋구나.", "재능이 있구나.", "노력한 보람이 있네.", "거봐, 하니까 되잖아.", "좋은 선생님을 만났구나."와 같은 칭찬을 해줍니다. 반대로 시험을 망치면 "소질이 없는 거 아니냐.", "노력을 안 해서 그래.", "좀 더 했어야지.", "학원을 바꿔보자." 등의 이야기를 합니다. 재능이 있거나 없어서, 노력을 했거나 안 해서, 좋은 학원에 다녔거나 안 다녀서 등의 원인 때문에 그런 결과가 나왔다고 생각합니다. 시험뿐만 아니라 거의 모든 일에서 원인을 찾지요. 길을 가다가 넘어지면 길에 문제가 있거나, 신발에 문제가 있거나, 다리에 힘이 빠졌거나 할 거라고 원인을 생각합니다. 물을 엎지르면 칠칠치 못한 성격이거나, 당황했거나, 컵이 뜨겁거나 미끄럽거나 등에서 이유를 찾습니다.

이렇게 상황이나 행동에 대해 이유를 찾는 것을 '귀인'이라고 합니다. 귀인은 그 방법에 따라 여러 가지로 나뉩니다. 사람의 성격, 기질 등 내적 특성에서 원인을 찾는 '내부 귀인', 외부 상황 때문에 일어났다고 보는 '외부 귀인'이 있습니다. 잘 변하지 않는 특성(성격, 지능 등) 때문이라고 생각하는 '안정적 귀인', 때에 따라 달라질 수 있다고(노력, 동기 등) 생각하는 '불안정적 귀인'이 있습니다. 노력을 해서 시험을 잘 봤다고 생각한다면 '내부 불안정적 귀인'을 한 것입니다. 길이 미끄러워서 넘어졌다고 생각하면 '외부 불안정적 귀인', 덜렁대는 성격이라 물을 엎질렀다고 생각하면 '내부 안정적 귀인'을 한 것입니다. 원인을 어디에서 찾느냐에 따라, 즉 귀인을 어떻게 하는지 살펴보는 것으로도 삶을 대하는 태도가 어떤지 알 수 있습니다. 귀인 방식에 따라 삶의 태도가 바뀔 수 있다는 말이기도 합니다.

학교에서는 교사, 가정에서는 부모의 귀인 방식이 아이에게 큰 영향을 미칠 수 있습니다. 우리는 대개 시험을 잘 본 아이에게는 재능이 있어서, 혹은 열심히 노력해서 좋은 결과를 얻었다고 말하고, 반대로 시험을 망친 아이에게는 공부에 소질이 없다거나 혹은 노력이 부족해서 그런 결과가 나온 거라고 말하곤 합니다. 습관처럼 내뱉을 수 있는 말들이지만 그것이 끼치는 영향도 살펴봐야 합니다.

"혹시 천재 아냐?", "머리가 좋으니까 뭐든 잘할 거야.", "재능을 타고났네." 등 듣고 나면 자신감이 솟고 뿌듯해질 칭찬을 하지만, 사실 머리가 좋아서, 똑똑해서 좋은 결과가 나왔다고 칭찬하는 것은 생각보다 좋은 이야기가 아닙니다. 타고난 머리와 재능 때문에 좋은 결과가 나왔다고 생각하면 아이는 노력의 가치를 깨달을 수 없습니다. 또한 반대의 경우, 즉 나쁜 결과가 나왔을 경우 자기 머리가 나빠서, 재능이 없어서 그런 것이라고 여기고 앞으로의 도전이나 시도를 포기할 수도 있습니다.

아이의 성장을 위해선 아이가 노력해 온 과정에 초점을 두고 칭찬해 주어야 합니다. 인생에는 항상 성공만 있는 것은 아닙니다. 누구나 실패할 수 있고, 그것도 한 번이 아니라 여러 번 어려움을 겪을 수도 있습니다. 아이들에게 필요한 것은 실패해도 다시 일어설 수 있는 힘입니다. 머리가 좋아서, 재능이 있어서 성공했다고 생각하면 단 한 번의 실패에도 쉽게 무너지고, 다시 도전할 의지마저 꺾일 수 있습니다. 해봤자 소용없을 거라고 생각하기 때문입니다. 자신의 머리가 자신의 한계가 되는 것입니다.

하지만 노력에는 한계가 없습니다. 내가 정성을 쏟은 만큼 얻는 것이 노력입니다. 물론 운이 나쁘거나 상황이 좋지 않아서 실패할 수도 있지만, 노력한 만큼 성장했다는 사실은 큰 힘이 됩니다. 다시 도전할 수 있는 힘을 얻을 수 있습니다. 타고난 능력이 아니라 내 결정에 따라 얼마든지 달라질 수 있는, 노력 같은 요인에서 원인을 찾아야 합니다. 그리고 이러한 귀인 방식이 나와 내 주변을 더욱 성장시킬 수 있습니다.

이러나저러나나어째나

― 갈등

　　살다 보면 누구나 크고 작은 갈등을 겪습니다. 가족끼리, 친구끼리, 직장 동료끼리, 심지어 연인과도 갈등이 생깁니다. 그럴 때면 상대방에게 서운함을 느끼기도 하고 때로는 화가 나기도 합니다. 하지만 그런 감정에도 불구하고 관계를 유지해야 하는 상황이 오면 참 난감해집니다. 서로 얼굴 붉히며 싸울 수도 없고, 그렇다고 모른 척 넘어갈 수도 없으니 말입니다.

　　학교 현장에서도 크고 작은 갈등이 끊임없이 일어납니다. 학생들끼리 다투는 일은 물론이고 교사들끼리 의견이 충돌하기도 하고, 학부모의 민원 전화를 받는 일도 비일비재합니다. 갈등의 시작은 어디부터인지, 혹시 놓치고 있는 부분은 없는지, 나부터 잘하거나 모두가 힘을 합치면 되는 건지 고민이 듭니다.

사실 인간관계만큼 어려운 일도 없습니다. 누군가와 함께하다 보면 늘 크고 작은 다툼이 일어나고, 어쩔 수 없이 부딪히는 상황도 생기게 마련입니다. 물론 서로 양보하고 배려하면 좋겠지만 그게 참 어렵습니다. 이때 필요한 건 뭐니 뭐니 해도 대화입니다. 내 입장만 내세우기보다는 상대방의 마음을 헤아리고 이해하려는 자세를 우선시해야 합니다. 그래야 오해가 생기지 않고, 불필요한 감정 소모를 줄일 수 있습니다.

만약 도저히 해결책이 보이지 않는다면 잠시 거리를 두는 것도 좋은 방법입니다. 혼자만의 시간을 가지며 차분히 생각 정리를 하다 보면 의외로 쉽게 답을 찾을 수도 있으니까 말입니다.

사람들마다 갈등을 대하는 태도는 다릅니다. 갈등 상황에 직면했을 때 누군가는 회피형 인간이 되고, 또 다른 누군가는 정면 돌파형 인간이 됩니다. 전자는 주로 감정 표현에 서툴고 타인의 시선을 의식하는 내향적인 성격의 소유자일 경우가 많습니다. 반대로 후자는 외향적이고 자기주장이 강한 편입니다. 물론 둘 중 누가 옳고 그르다고 단정 지을 순 없습니다. 다만 분명한 건 각자 나름대로 장단점이 있다는 사실입니다.

우선 회피형 인간은 불필요한 마찰을 줄일 수 있어 좋습니다. 괜히 긁어 부스럼을 만들지 않아도 되기 때문입니다. 대신 상대방으로부터 신뢰를 잃거나 무시를 당할 수도 있습니다. 반면 정면 돌파형 인간은 맺고 끊는 게 확실하다는 장점이 있습니다. 일 처리 속도가 빠르고 추진력이 뛰어나다는 평가를 받습니다. 단, 자칫하면 독불장군이라는 소리를 들을 수 있으니 주의해야 합니다. 개인적으로는 양쪽 모두 나쁘지 않다고 생각합니다. 단지 서로 차이를 인정하고 존중하려는 자세가 필요하다고 봅니다. 그래야 관계가 원만해지고 소통이 원활해질 테니까요.

교실에서 아이들끼리 서로 부딪히는 상황이 생기면 교사는 각자의 입장 차이를 조율하여 합의점을 찾습니다. 이때 필요한 능력이 바로 갈등 관리 능력입니다. 자칫 잘못하면 작은 갈등이 큰 싸움으로 번져 일을 그르칠 수도 있으니, 자신과 아이들의 갈등 관리 유형을 파악하고 거기에 맞게 대처하는 게 좋습니다.

갈등 관리 유형에는 회피형, 순응형, 타협형, 지배형, 협력형이 있습니다. 회피형은 자기주장을 하지 않고 상대의 비위를 맞추며 좋은 게 좋은 거라는 식으로 넘어갑니다. 책임도 지기 싫어하고 대화 자체를 거부하는 유형입니다. 주로 내성적이고 소심한 사람에게서 나타나는데, 상대방으로부터 비난받거나 거절당하는 것을 두려워하기 때문입니다. 이런 사람들은 우선 상대의 감정을 공감하고 경청해야 합니다. 그런 뒤 조심스럽게 문제점을 지적하면 의외로 쉽게 풀리기도 합니다. 순응형은 타인의 요구를 잘 들어주고 친절하지만 정작 자신의 의사 표현은 잘

하지 못합니다. 만약 이런 아이들이 있다면 힘든 점과 고민을 잘 들어주고 격려해야 합니다. 타협형은 양쪽 모두 만족할 만한 절충안을 제시합니다. 지배형은 힘으로 누르거나 명령조로 말합니다. 매사에 독단적이고 강압적인 태도를 보입니다. 자칫 독재자나 폭군이라는 소리를 들으며 인간관계가 틀어질 수도 있습니다. 이런 유형은 가급적 논쟁을 피하고 최대한 객관적인 자세로 중립을 유지하며 타협점을 찾는 게 좋습니다. 또한 겉으로는 강해 보이지만 내면은 여린 경우도 많습니다. 그럴 땐 자기 내면처럼 더 부드러운 모습을 보일 수 있도록 노력해야 합니다. 협력형은 상호 이익을 추구하며 공동의 목표를 달성하려 합니다.

어떤 유형이 좋거나 나쁘다고 말할 수는 없습니다. 각자에게 주어진 성향과 환경이 다르기 때문에 유형에 맞게 지도하는 노력이 필요합니다.

꼭 다른 사람과 있을 때만 갈등이 일어나는 것은 아닙니다. 내 안에서도 갈등은 일어납니다. 심리학자 커트 레빈은 내 안에서 일어나는 내적 갈등을 세 가지 유형으로 구분하였습니다.

첫 번째 유형은 '접근-접근 갈등'입니다. 같은 수준의 매력적인 것들 가운데 하나를 골라야 하는 갈등입니다. 장난감 선물을 받기로 했는데, 어떤 장난감을 골라야 할지 고민하는 상황이 이러한 갈등 상태입니다. 두 번째 유형은 '회피-회피 갈등'으로, 피하고 싶은 것들 가운데 하나를 골라야 하는 갈등입니다. 다이어트를 하기 위해 굶어야 할지,

운동을 해야 할지 선택해야 하는 상황입니다. 둘 다 고르기 싫지만 살을 빼려면 선택해야 합니다. 세 번째 유형은 '접근－회피 갈등'입니다. 하나의 대상이 매력적이면서도 부담스러울 때 생기는 갈등 상태입니다. 늦은 밤 잠은 오지 않고 배도 고픈데 라면을 끓일지 말지 고민하는 상황입니다. 지금 먹는다면 참 맛있을 텐데, 먹는다면 살도 찌고 얼굴도 부을 것이 예상되기 때문에 차마 끓이지 못하는 경우를 예로 들 수 있습니다. 배고프면 잠드는 게 힘들긴 합니다. 배도 고픈데 잠까지 못 자는 것, 참으로 야속한 상황이 아닐 수 없습니다.

아직 막을 수 있습니다
– 반사회성 성격장애

사람들은 살면서 수많은 사람들을 만나게 됩니다. 그러면서 때로는 자신도 모르게 누군가에게 상처를 주기도 하고 받기도 합니다. 하지만 그것이 반복되고 점차 악화된다면 어떨까요? 스스로 치유하기 어려운 지경에 이를 수도 있습니다. 정신의학계에서는 이러한 경우를 '반사회성 성격장애'라고 진단합니다. 반사회성 성격장애를 가진 이들에게서는 그 이름처럼 다른 사람의 물건을 훔치거나 거짓말을 일삼거나 폭행 및 폭언을 하는 행동 등이 나타나기도 합니다.

반사회성 성격장애는 성인을 대상으로 진단됩니다. 즉, 아이들에게는 반사회성 성격장애라는 진단을 내리지 않습니다. 그렇다고 해서 성인이 되어서 갑자기 나타나는 증상은 아닙니다. 아이들은 15세 이전에 품행장애를 보입니다. 반사회성 성격장애와 마찬가지로 폭력적이고 타인의 재산을 파괴하는 등의 행동을 보이는 것입니다. 어렸을 때부터 꾸준히 문제행동을 보인다면 성인이 되어서 결국 반사회성 성격장애로 진단받게 됩니다.

반사회성 성격장애는 몇몇 사람들에게 존재하는 특수한 증상이 아닙니다. 일반인에게도 충분히 나타날 수 있습니다. 전문가들은 보통 사람이라도 누구나 어느 정도의 반사회성 성격장애를 가지고 있다고 말합니다. 다만 그것이 겉으로 드러나지 않을 뿐이라고요. 그렇다면 도대체 왜 그런 행동을 하는 것일까요? 심리학자들은 크게 세 가지 요인을 꼽습니다.

첫 번째는 유전적 요인입니다. 부모로부터 물려받은 유전자가 뇌 구조 및 기능에 영향을 미쳐 충동 조절 능력을 떨어뜨린다는 것입니다. 선천적으로 각성이 저하되어 있기 때문에 더 큰 자극을 찾는 경향이 있다고 하며, 그래서 폭력적이거나 잔인한 범죄 행동을 저지르기 쉽다고 합니다.

두 번째는 환경적 요인입니다. 어린 시절에 학대 등 부정적인 경험을 하게 되면 성장 과정에서 정신질환 발병 확률이 높아진다고 합니다. 안정된 관계를 맺지 못했기 때문에 세상에 대한 신뢰도 없고, 타인에 대한 공감도 할 수가 없습니다.

마지막으로는 사회적 요인입니다. 인간은 혼자서는 살아갈 수 없습니다. 타인과의 관계 속에서 살아가야 하는데, 이때 잘못된 행동을 반복하면 결국엔 주변으로부터 외면당하게 됩니다. 그러면 자연스레 소외감을 느끼고, 스스로 고립되기 마련입니다. 이렇게 외톨이가 된 사람은 점점 자신만의 세계에 빠져들게 되는데 이것이 반사회성 성격장애로 이어진다는 것입니다. 일반적으로 반사회성 성격장애의 10~20% 정도가 사이코패스로 여겨진다고 합니다.

반사회성 성격장애는 치료가 어렵습니다. 죄책감도 느끼지 못하고 문제의식도 없는 경우가 대부분이라, 치료하려는 시도 자체를 하지 않기 때문입니다. 그래서 대부분 가족이나 공권력에 의해 강제로 치료가 진행됩니다. 치료가 어려운 만큼 애초에 이러한 장애가 발생하지 않도록 예방하는 것이 중요합니다.

유전적인 요인은 사실 타고난 것이므로 예방 차원의 문제가 아니지만, 환경 요인은 예방할 수 있습니다. 아동이 학대받지 않도록 적극적으로 개입해야 합니다. 그래서 학교에서는 아동학대 신고의무자 교육을 실시하고 있지만, 현실적으로 조심스러운 부분이 있는 것도 사실입니다.

초기에는 신고의무자들의 신고율이 낮았습니다. 자칫 신고했다가 괜히 긁어 부스럼 만드는 게 아닌가 싶은 걱정 때문이었습니다. 가정

내에서 벌어진 일이니 결국은 가정에서 자체적으로 풀어야 할 문제이고, 자칫하면 가족 해체라는 부작용까지 초래할 수도 있다는 우려도 있었습니다. 다행히 지금은 신고의무자들의 신고율이 빠르게 늘어나고 있습니다.

아동학대 신고현황을 살펴보면 2017년 28.6%였던 아동학대 신고의무자의 비율이 2021년에는 44.9%로 증가했습니다. 가정폭력이 단순히 가정에서 해결할 문제가 아니며, 심할 경우 아동의 목숨까지 빼앗을 수 있는 중대한 범죄라는 인식이 늘어난 결과라고 생각합니다.

부모라면 자식을 올바르게 키우기 위해 노력해야 합니다. 부모가 감정을 조절하지 못하고 과도하게 자식을 때리는 것은 명백한 범죄 행위입니다. 훈육 차원에서 이루어진 체벌이라고 넘어가서는 안 됩니다.

신체 학대만 문제가 아닙니다. 정서 학대도 큰 문제입니다. 왜 태어났냐며 자식의 존재를 원망하고 거부하는 표현들, 다른 사람들과 비교하고 차별하고 편애하거나, 들어서도 봐서도 안 될 것들을 강요하기도 합니다.

방임도 아동학대입니다. 아동을 보호하지 않고 위험한 상황에 처하게 하며 의식주, 교육, 의료 조치 등을 제공하지 않는 것도 심각한 폭력입니다. 그런 행동이 반복되면 결국엔 돌이킬 수 없는 비극을 초래합니다.

자식은 어른의 화풀이 대상이 아닙니다. 자녀 교육의 방식에는 정답이 없지만, 분명한 건 어떠한 상황에서도 폭력은 정당화될 수 없다는 사실입니다. 한창 자라나는 아이에게는 더더욱 그렇습니다. 만약 자기 아이라는 이유만으로 학대해도 된다고 생각한다면 이는 명백한 착각이자 오만입니다. 설령 화가 나더라도 감정을 다스리고 이성적으로 행동해야 합니다. 자식에게 남긴 상처는 결국 부모 자신에게 돌아옵니다.

다들 나만 보는 거 같아
– 스포트라이트 효과

　아이들은 자신감이 부족하거나 부끄러움을 타는 경우, 발표나 질문하기를 꺼리는 경향이 있습니다. 내가 어떤 말이나 행동을 했을 때 남들이 나를 우습게 보는 것은 아닌지 걱정합니다. 또는 아무 말도 하지 못했을 때 자기를 비웃거나 무시한다고 생각할 수 있습니다.

　사실 어른들도 마찬가지입니다. 다른 사람이 나를 어떻게 생각할까 궁금하면서 걱정도 되고 겁이 날 때도 있습니다. 실수하지 않으려고 애쓰다 보니 오히려 더 긴장하게 되고, 결국 아무것도 못 하는 상황에까지 이르게 됩니다. 그러나 이러한 두려움 때문에 계속해서 피한다면 앞으로 나아가지 못하고 제자리걸음만 하게 될 것입니다. 다른 사람들에게 놀림을 당할까 봐 두려워하는 마음에서 벗어나 용기 있게 한 발짝씩 나아가야 합니다.

사람들은 자신의 특징이나 행동을 과대평가하는 경향이 있습니다. 그리고 다른 사람들이 자신을 매우 주목하고 있다고 생각합니다. 이런 현상을 '스포트라이트 효과'라고 합니다. 실수나 부끄러운 순간뿐만 아니라 좋은 순간에도 사람들이 자기를 더 주목한다고 믿습니다. 멋진 말을 했거나, 큰 성과를 냈다고 뿌듯해하며 다들 나를 주목할 것이라 생각합니다. 그래서 문제가 되기도 합니다. 내 생각보다 미지근한 반응에 실망하고, 무시당한 것은 아닌지 걱정하기도 합니다. 왜 아무도 몰라주냐며 화를 낼 수도 있습니다. 분명한 것은 다른 사람들은 생각보다 나에게 별 관심이 없다는 것입니다.

우리는 항상 주변을 살피고 주의를 기울입니다. 그래서 다른 사람들도 나를 살피고 있을 것이라 생각합니다. 하지만 현실은 다릅니다. 반대로 생각해 보면 현실을 쉽게 알 수 있습니다. 지금 주변 사람들이 무슨 행동을 하고 있는지, 그리고 나는 그 사람들을 주목하고 있는지 생각하면, 그렇지 않다는 것을 알 수 있습니다.

우리는 생각보다 주변 사람들에게 관심이 없습니다. 나는 분명 주변을 살피고 있는데 정작 주변에서 무슨 행동을 하는지 알지는 못하니다. 왜냐하면 사실 우리가 살피고 있는 것은 바로 나 자신이기 때문입니다. 내가 주변을 살피는 것이 아니라, 주변에서 나를 어떻게 바라볼지 살피고 있는 것입니다. 나를 어떻게 생각하는지 그 질문에만 집중하고 있을 뿐입니다.

학교 현장에서 교사로서 지내다 보면 안타까운 일들이 참 많습니다. 그중 하나가 아이들끼리 서로 눈치를 보다가 자기주장을 제대로 펼치지 못하는 상황입니다. 물론 남한테 피해를 주는 행동은 삼가야겠지만, 지나치게 타인의 시선을 의식하느라 정작 하고 싶은 말을 못 하거나 불이익을 감수하는 건 바람직하지 않습니다.

다들 학창 시절에 비슷한 경험이 있을 겁니다. 누군가 내 험담을 하지 않을까 늘 노심초사했고, 혹시라도 눈 밖에 날까 봐 매사에 조심스러웠던 적이 있었습니다. 지금 와서 생각해 보면 별것도 아닌데 뭘 그리 겁내고 두려워했는지 모르겠습니다.

아무튼 이렇게 소극적인 태도로는 결코 원하는 바를 이룰 수 없습니다. 따라서 보다 적극적이고 능동적으로 행동해야 합니다. 그래야만 미움을 받을까 봐 눈치 보는 것을 넘어 상대방으로부터 신뢰를 얻을 수 있고, 나아가 인정받을 수 있기 때문입니다.

살다 보면 누구나 크고 작은 실수를 하게 마련입니다. 그리고 때로는 의도치 않게 상대방에게 상처를 주기도 합니다. 그럴 때면 괜스레 미안한 마음이 들고 후회가 밀려옵니다. 내가 조금만 더 조심했더라면 좋았을 텐데, 하고 말입니다. 혹시 지금 이 순간에도 누군가는 나로 인해 아파하고 있을지 모릅니다. 그렇지만 여전히 죄책감에 시달리며 괴로워하는 분들이 있다면 이렇게 말씀드리고 싶습니다. 당신의 잘못이 아니라고. 그저 운이 없었을 뿐이라고. 세상엔 다양한 사람들이 존재하듯 각자의 기준과 잣대가 다르기 때문에 어쩔 수 없는 일이라고. 그러니 자책하지 말라고. 다만 다음부터는 좀 더 신중해지자고. 그러면 된다고.

그럼에도 여전히 마음이 불편할 수 있습니다. 그럴 땐 다음 세 가지를 기억하면 좋겠습니다.

첫째, 남들은 당신의 실수에 크게 관심이 없다.

둘째, 설령 누군가 지적하더라도 그것은 그저 충고일 뿐이다.

셋째, 어차피 모든 일은 지나가기 마련이다.

나 정도면 훌륭하지

– 우월감 환상

    학생회나 학급 임원 선거를 하면 다양한 아이들이 후보로 도전합니다. 본인이 정말 하고 싶어서 나선 아이가 있는 한편, 부모님께서 권유하셨거나 친구들이 추천해서 나서기도 합니다. 특히 친구들의 추천으로 나선 아이들은 마지못해 나오는 척하면서도, 내심 이렇게 친구들이 밀어주니 당선될 것 같다는 기대감에 즐거워 보이기도 합니다.

    후보가 된 아이들은 포스터를 만들어서 복도나 건물 입구에 붙이기도 하고, 친구들을 모아 쉬는 시간에 유세를 펼치기도 합니다. 나름 신경 쓴 포스터와 유세하는 모습을 보면 제법 진지하다는 생각이 듭니다.

후보자들의 노력도 보는 재미가 있지만, 사실 진짜 재미는 유권자들의 반응입니다. 아이들이 저마다 후보들에 대해 평가하는 것을 들어보면 어른의 선거와 크게 다를 바 없습니다. 이번엔 누가 돼야 한다는 둥, 그냥 아무나 뽑을 거라는 둥, 쟤는 도대체 왜 나온 건지 모르겠다는 둥 가지각색입니다.

후보에 나선 아이들은 대부분 자신의 능력을 높게 평가합니다. 그렇기 때문에 한 집단을 대표하는 자리에 도전하는 것이겠지요. 이러한 자신감 또는 우월감은 남들의 반응에 근거를 둔 것이 아니라, 사실 우리 모두가 가지고 있는 선입견입니다. 이를 '우월감 환상'이라고 합니다.

사람들은 대개 다른 사람들과 비교해 자신이 더 똑똑하고 매력적이며 능력이 좋다고 생각합니다. 이런 경향은 심지어 부부나 집단에서도 나타납니다. 우리 부부는 다른 부부에 비해 훨씬 좋은 관계라고 여기거나, 우리 가족, 우리 회사, 우리 모임은 평균 이상이라고 여깁니다. 다른 이들보다 우월하다는 착각은 다른 이들보다 더 좋은 대우를 받아야 한다는 생각으로 이어집니다. 내가 더 능력이 있으니 다른 사람들보다 더 좋은 점수, 더 높은 연봉을 받아야 한다는 착각에 빠지게 됩니다.

사실 내가 나를 높이 평가하는 것이 문제가 될까 싶기도 합니다. 달리 말하면 자신을 매우 긍정적으로 바라보는 것인데, 이 때문에 남들에게 피해가 갈 일은 없어 보입니다. 문제는 자신에게 피해가 갈 수도 있다는 점입니다. 위풍당당한 유세를 펼치며 당장이라도 당선 소감을 발표할 것만 같던 아이들일수록 선거에서 졌을 때 상실감이 매우 큽니다. 우는 것은 기본이고, 며칠을 우울한 모습으로 기운 없이 지내기도 합니다. 그런 아이들을 볼 때면 선거를 다시 해보자고 할 수도 없고, 뭐라 위로해야 할지 난감할 때도 있습니다. 너무 풀이 죽어 있는 모습에 주변 친구들마저 미안함과 불편함을 느끼기도 합니다.

사실 선거에 떨어질 줄 알고 나가는 후보자는 흔치 않을 것입니다. 대부분 나는 당선될 수 있고, 당선될 만하다는 생각으로 후보로 나섰을 겁니다. 하지만 현실은 그렇게 호락호락하지 않습니다. 낙선의 슬픔도 우월감 환상으로 인한 피해라고 볼 수 있습니다. 나는 스스로 훌륭한 사람이었지만, 다른 사람들에게는 그만큼 자질 있는 사람은 아니었던 것입니다.

우월감 환상이 자신에게 피해를 주는 것은 선거뿐만이 아닙니다. 낙선 정도로 끝나는 고통이 아니라, 정말 목숨을 잃는 경우도 있습니다. 자신의 운전 실력을 지나치게 높게 평가하는 경우입니다. 자기 운전 실력을 너무 믿은 나머지 속도를 줄여야 하는 상황에서 액셀을 밟기도 하고, 두 손 놓고 자전거를 타기도 합니다. 모든 상황을 스스로 통제할 수 있다는 믿음은 위험한 행동으로 이어지고, 자신의 목숨뿐만 아니라 다른 사람의 목숨까지 빼앗을 수 있는 상황을 만듭니다.

우월감 환상은 범죄에서도 나타납니다. 나는 걸리지 않고, 잡히지 않을 거라는 근거 없는 환상에 사로잡혀 범죄를 저지릅니다. 아무리 강력한 처벌이 있더라도 우월감 환상이 깨지는 것은 아닙니다. 그렇기 때문에 매일 사건 사고가 터지는 것입니다.

안타깝게도 자신이 현재 우월감 환상에 빠져 있다는 사실을 스스로 깨우치는 것은 매우 어렵다고 합니다. 사실 모든 인간은 기본적으로 이기적인 존재이기 때문에 충분히 이해할 수 있습니다. 환상이든 아니든 자신을 좋게 평가하는 것을 마다할 이유는 없습니다. 다만 도가 지나치면 문제가 됩니다. 지나친 자의식 과잉 상태에 빠지면 자칫 독선적이고 오만한 성격으로 변질될 수 있기 때문입니다. 따라서 늘 겸손한 자세를 유지해야 합니다. 그래야 주변 사람들로부터 신뢰를 얻을 수 있고, 사회생활도 원만히 해나갈 수 있습니다.

혹시 내가 우월감 환상에 빠져 있는 것은 아닌지 알고 싶다면 다음 질문에 답해보시길 바랍니다.

첫째, 내가 정말 잘났다고 생각하는가?

둘째, 나만큼 잘난 사람이 또 있을까?

셋째, 남들이 나를 부러워한다고 생각하는가?

만약 셋 모두 긍정적인 답변이 나온다면 당신도 지금 우월감 환상에 빠져 있는 것입니다.

나도 꼭 사고 말겠어

– 편승 효과

청소년기는 또래 문화를 형성하고 그에 적응하는 데 매우 중요한 시기입니다. 이때는 친구들 사이에서 유행하는 옷이나 신발, 가방 등을 구매하려는 욕구가 강해집니다.

제가 어릴 적에 멋진 필통이 유행한 적이 있습니다. 다들 아실 겁니다. 필통 여기저기를 누르면 숨어 있던 공간이 밖으로 튀어나오고 거기엔 여러 가지 신기한 것들이 달려 있었습니다. 그땐 그 필통이 얼마나 가지고 싶었는지요. 그리고 사이버 애완동물을 기르는 '다마고치'가 열풍이었던 때도 있었습니다. 학교에 가면 다들 허리춤이나 주머니에 다마고치 하나씩은 달고 있었는데, 저도 사달라고 졸랐다가 혼만 났던 기억이 납니다. 예나 지금이나 여전히 아이들은 무언가를 사달라고 조르다가 혼나곤 합니다.

특히 요즘에는 휴대폰 때문에 자녀와 부모 사이에 갈등이 깊습니다. 휴대폰이 아이들의 필수품이 되어가던 초기에는 휴대폰을 '소유'하는 것 자체가 중요했습니다. 그런데 지금은 다릅니다. 요즘은 아이들도 대부분 휴대폰을 가지고 있기에, '새로' 구입한 휴대폰인지, 아니면 누군가 '쓰던' 휴대폰인지에 민감하기도 하고, 또 S사 제품인지 A사 제품인지도 아이들에겐 중요한 부분이 됩니다. 그래서인지 요즘 아이들은 주변 친구들이 주로 사용하는 휴대폰을, 새로 구입하고 싶어 합니다. 문제는 아이들이 사용하는 제품치고는 가격이 만만치 않다는 점입니다. 유행 때문에 구입하기에는 너무 큰 부담입니다.

유행하는 물건을 구입하려는 아이들의 심리는 여러 요인의 영향을 받습니다.

첫째, 사회적 통제 요인이 있습니다. 아이들은 주변에서 인기 있는 물건을 구입하는 것을 선호하고, 이를 통해 상대에게 인정받고 사회적 인증을 얻기 위해 노력합니다.

둘째, 동료들과의 경쟁에 영향을 받습니다. 아이들은 동료들과 경쟁하며, 이를 위해 인기 있는 물건을 구입하는 것으로 상대를 이겨내려는 노력을 합니다.

셋째, 자신의 자아 이미지를 강화하는 데 이용하려는 요인입니다. 아이들은 자신의 자아 이미지를 강화하기 위해 인기 있는 물건을 구입하는 것을 선호하며, 자신을 나타내는 물건을 구입하고 이를 통해 자신을 강화하려 합니다. 따라서 원하는 것을 구입하지 못할 경우에는 불만을 겪을 수 있습니다.

사람들이 대중적으로 유행하는 상품을 구매하는 현상을 '편승 효과'라고 합니다. 이 효과는 타인과의 관계에서 소외되고 싶지 않은 마음과 관련이 있습니다. 모두 가지고 있는 것을 나만 가지지 못했을 때는 소외감과 고립감이 밀려옵니다. 또 나만 뒤처지는 것은 아닌지 불안하기도 합니다.

학교에 다니는 시기는 또래 집단 형성에 매우 중요한 시기이며, 아이들은 또래 집단에서 밀려나는 것을 굉장히 두려워합니다. 또래가 사용하는 물건을 가지지 못했을 때 아이들이 느끼는 불안감은 경우에 따라 꽤 심각할 수도 있습니다. 또래에게 인정받지 못하고 있다는 생각에 자신감과 자존감이 떨어지고, 집단 활동에 참여하는 것을 두려워할 수도 있습니다. 물건 하나 없다고 뭐 잘못되기야 하겠나 싶지만, 좋지 않은 다른 상황을 불러오는 계기가 될 수도 있다는 점도 염두에 두어야 합니다.

남들이 다 하니까 나도 해야겠다는 상황은 사실 주변에서 많이 벌어지는 일입니다. 한창 유행하는 과자나 빵은 한 봉지 사 먹기도 힘들

정도로 찾아보기 어렵습니다. 유행하는 영화나 드라마도 일단 봐야 대화에 참여할 수 있습니다. 영화나 드라마를 보지 않았다면 그 대화를 이해하지 못할 때도 있습니다.

유행은 사회적으로 인정받고 널리 즐기는 것이지만, 꼭 좋은 것은 아닙니다. 유행을 따르는 데에는 복잡한 생각이 필요 없으므로 쉽게 이끌릴 수 있지만, 유행은 시간에 따라 변합니다. 오늘 유행하던 것이 내일은 인기가 없을 수도 있습니다. 이렇게 그 가치가 일정하지 않기에, 그것을 쫓는 데 너무 많은 시간과 비용을 쓰는 것은 좋은 일이 아닙니다.

게다가 유행은 사회적 트렌드를 따르는 것이기 때문에, 개인의 취향과는 다를 수 있습니다. 자신의 생각을 표현하기에는 적당하지 않고, 자신만의 특징을 보여주는 것도 아닙니다. 따라서 충분한 고민 없이 그때그때 유행만 따르다 보면 때로는 후회하는 일도 생기게 됩니다.

나 미워하면 안 돼
– 착한 아이 증후군

교사의 입장에서 규칙을 잘 지키는 아이를 보면 참 대견합니다. 그리고 고맙기도 합니다. 좋아하지 않을 수가 없습니다. 규칙을 잘 따르는 아이가 많으면 학급 전체의 학습 환경을 긍정적으로 관리하고 유지하기가 쉽습니다. 규칙을 잘 지키면 그만큼 가르치는 것에 더 집중할 수 있습니다.

아이들 입장에서도 선생님의 잔소리가 적으니 훨씬 부드러운 학급 분위기를 만들 수 있습니다. 또 규칙을 잘 따르는 아이일수록 수업에 더 참여하고 과제에 적극적일 가능성이 높습니다. 이러한 모습은 아이들의 과제를 평가하는 것도 쉽게 만들어줍니다. 게다가 규칙을 잘 따르는 아이는 다른 아이들의 역할 모델이 될 수도 있습니다. 규칙을 지키는 것을 칭찬함으로써 다른 아이들도 규칙을 따르고 수업에 더 참여하도록 격려할 수 있습니다. 그리고 규칙을 잘 따르는 것은 곧 교사의 권위에 대한 존중으로 평가할 수도 있습니다. 권위를 위협받지 않은 교사는 아이들을 위해 더 많은 활동을 제공할 수 있습니다.

하지만 규칙을 잘 지킨다고 해서 마냥 괜찮은 것은 아닙니다. 때로는 너무 과하게 규칙을 지키려는 모습을 보이는 아이도 있습니다. 이런 경우 '착한 아이 증후군'을 가지고 있는 것은 아닌지 살펴보아야 합니다. 규칙을 꾸준히 지키고 숙제도 잘 해오고 수업에도 잘 참여하지만, 정작 자신의 의견을 내는 것을 꺼리거나, 실수를 하거나 완벽하지 못한 것으로 보일까 봐 위험을 감수하거나 새로운 시도를 두려워하는 경우도 있습니다.

착한 아이 증후군을 보이는 아이들은 자신의 감정이나 욕망을 표현하지 못하고, 착한 아이라는 칭찬을 듣기 위해 자신을 억압합니다. 아이라면 누구나 좋아할 법한 것들을 마다하거나 교사의 허락에 지나치게 의존하기도 합니다. 학습과 규칙에 대한 진정한 관심이나 동의에서가 아니라, 그것을 지키지 않았을 경우 자신이 나쁜 아이가 되는 것이 싫기 때문에 규칙을 지키는 것입니다.

이는 가정에서도 마찬가지입니다. 부모의 말을 듣지 않으면 부모가 자신을 사랑하지 않을지도 모른다는 불안감에 자신을 제대로 표현하지 못합니다. 울고 싶을 때 울지 못하고, 놀고 싶을 때 놀지 못합니다. 이런 아이들은 항상 타인의 눈치를 보고, 사람들의 요구를 거절하지 못하고 받아들이는 경우가 대부분입니다.

착한 아이 증후군을 가진 아이는 학업적으로나 사회적으로 자신의 잠재력을 충분히 발휘하지 못할 수도 있습니다. 앞서 말한 것처럼 과제를 수행할 때 그 과제에 대한 진정한 관심 때문이 아니라 그것을 제대로 안 했을 때 나쁜 아이가 되는 것이 싫기 때문에 그 과제가 요구하는 만큼의 능력만을 보여주게 됩니다. 안타까운 점은 교사도 아이의 능력이 충분하다고 여기고 다른 지원을 하지 않을 수 있다는 것입니다. 무엇이든 하는 아이는 반대로 아무것도 필요하지 않은 것처럼 보일 수 있습니다.

착한 아이 증후군을 보이는 아이가 있다면, 교사와 부모는 아이의 있는 모습 그대로를 인정하는 모습을 보여주어야 합니다. 또한 부정적인 감정은 잘못이 아니라 자연스러운 것이므로 너무 감추려 하지 말고 충분한 의사 표현을 할 수 있도록 다독여야 합니다.

사실 착한 아이 증후군이 아이들에게만 나타나는 것은 아닙니다. 어른도 같은 경험을 할 수 있습니다. 타인에게 미움을 사지 않으려고 자신을 억압하는 경우가 종종 있으며, 그것도 유독 심하게, 자주 억압하는 사람도 있습니다.

착한 아이 증후군을 극복하기 위해 스스로 노력할 수 있는 부분도 많습니다. 첫째, 실수를 해도 괜찮고 실패는 학습 과정의 자연스러운 부분이라는 것을 깨달아야 합니다. 항상 완벽할 필요는 없다는 것도 알아야 합니다.

둘째, 스스로 현실적인 목표를 세워야 합니다. 완벽을 위해 노력하는 것이 아니라, 자신의 성장과 발전에 집중해야 합니다.

셋째, 건설적인 비판은 받아들일 수 있어야 합니다. 모든 사람이 완벽할 수는 없습니다. 실수로부터 배우기 위해 때로는 다른 사람의 충고에도 귀를 기울일 수 있어야 합니다. 나를 향한 비난이 아니라 내 부족한 점을 일깨워주는 것이라고 생각하면 좋습니다.

넷째, 자신의 감정을 다른 사람들에게 전달하는 방법을 배워야 합니다. 자신의 마음을 알리고 도움을 요청할 수 있어야 합니다.

다섯째, 신체적, 정신적으로 자신을 돌볼 수 있는 시간을 가져야 합니다. 우선순위를 정해서 일을 하면서도 꼭 휴식하는 시간을 가져야 합니다.

마지막으로 치료나 상담을 통해 도움을 구할 수 있어야 합니다. 자신이 보기에 맞다고 생각하는 행동일지라도 그 행동이 스스로를 힘들게 한다면, 혹시 내 생각과 결정에 문제가 있는 것은 아닌지 자신을 돌아봐야 합니다. 이때 혼자가 아닌 전문가의 지원을 받으면 자신의 상태를 파악하는 데 큰 도움이 될 수 있습니다.

착한 아이 증후군을 극복하는 과정은 시간이 걸릴 수도 있지만, 올바른 마음가짐과 지원이 있으면 극복할 수 있다는 것을 기억해야 합니다.

우리는 어떤 사랑?
— 사랑의 삼각형

세상엔 부모 자식 간의 사랑, 남녀 간의 사랑, 친구 간의 우정 등 다양한 형태의 사랑이 존재합니다. 단순히 좋아한다고 해서 모두 진정한 사랑은 아닙니다. 또한 반대로 서로 좋아하지 않는다고 해서 무조건 나쁜 사이도 아닙니다. 즉 각자 개인마다 추구하는 사랑의 모습이 다르고 기준점이 다르기 때문에, 때로는 갈등 상황이 발생하기도 합니다. 예컨대 상대방에게 헌신하며 아낌없이 주는 나무처럼 행동하는 유형이 있는가 하면, 자신의 가치관이나 생활 방식을 우선시하여 이를 이해하지 못하는 상대방과 충돌하는 경우도 있습니다.

이렇듯 다들 어떠한 형태로든 사랑을 경험했음에도 여전히 풀리지 않는 의문이 하나 있습니다. 도대체 사랑이란 무엇일까요?

누구에게 물어봐도 돌아오는 대답은 제각각입니다. 누군가는 희생정신이라고 말하고 또 다른 누군가는 배려라고 말합니다. 그런가 하면 자신감이라는 이도 있고, 인내심이라는 답도 있습니다. 심지어 종교에서는 믿음이라고 말하기도 합니다. 이렇게 답변하는 사람 수만큼의 정의가 내려지는 것을 보면, 그만큼 정의 내리기 어려운 것이 바로 사랑의 개념입니다. 다만 확실한 건 어느 한쪽만의 일방적인 감정으로는 결코 이루어질 수 없다는 겁니다. 서로 주고받는 상호작용이 있어야 진정한 사랑이 아닐까 싶습니다.

사람들이 늘 사랑을 갈구한다는 사실은 예나 지금이나 크게 변하지 않았습니다. 책, 그림, 노래, 드라마, 영화, 심지어 건축까지, 사람들은 늘 사랑하는 것을 담아 무언가를 만들어왔습니다. 인간의 심리를 연구하는 데 사랑만큼 흥미로운 주제도 없을 것입니다. 따라서 사랑에 대한 심리학적 연구도 다양하게 존재합니다. 그중에서도 유명한 로버트 스턴버그의 '사랑의 삼각형 이론'을 알아보겠습니다.

스턴버그는 친밀감, 열정, 결정과 헌신이라는 세 가지 요소에 의해 사랑의 모습이 결정된다고 했습니다. 친밀감은 누군가와의 사이가 가깝게 느껴지는 상태를 말합니다. 친밀감을 나눈 사람들은 서로 의지하며 속내를 터놓습니다. 또 서로를 이해하며 소유물을 나누거나 정서적인 도움을 주고받기도 합니다.

열정은 강렬한 욕망 상태입니다. 상대를 보면 흥분하고 성적인 요구를 느끼며, 첫눈에 반하기도 합니다. 우리가 흔히 말하는 사랑의 모습과 가장 닮아 있습니다. 불같은 사랑 말입니다. 그러나 친밀감과 열정만으론 사랑이 유지될 수 없습니다. 그래서 필요한 것이 결정과 헌신입니다. 불타오르는 사랑은 영원하지 않습니다. 순식간에 꺼져버릴 수도 있습니다. 그 불꽃을 지켜내는 것이 바로 결정과 헌신입니다.

사랑의 3요소가 어떻게 어우러지는지에 따라 사랑은 일곱 가지 형태로 나눌 수 있습니다.

첫 번째 형태는 좋아함입니다. 좋아함은 친밀감을 가진 관계를 말합니다. 여기에는 열정이나 결정과 헌신은 없습니다. 특별히 가깝다고 느끼는 정도의 관계입니다.

두 번째 형태는 도취적 사랑입니다. 첫눈에 딱 반해버린 경우가 여기에 가깝습니다. 느껴지다시피 열정뿐인 관계입니다. 열정은 가득하지만, 한순간에 나타났다가 사라져버리는 형태입니다.

세 번째 형태는 공허한 사랑입니다. 친밀감과 열정이 아닌, 결정과 헌신만 살아있는 관계입니다. 당연히 불타는 사랑도 없을뿐더러 그저 껍데기만 남은 관계입니다.

네 번째 형태는 낭만적 사랑입니다. 친밀감과 열정이 살아 있는 관계이기 때문에 낭만적입니다. 하지만 결정과 헌신이 없기 때문에 관계가 유지되기 쉽지 않습니다.

다섯 번째 형태는 우애적 사랑입니다. 친밀감, 결정과 헌신이 살아 있는 관계로 수십 년간 결혼 생활을 이어온 부부는 더 이상 불꽃 튈 일은 없어도 친밀감과 결정과 헌신이 있기 때문에 서로를 오랫동안 소중하게 여기며 지냅니다.

여섯 번째는 얼빠진 사랑입니다. 말 그대로 친밀함 없이 열정, 결정과 헌신만으로 관계를 이어갑니다. 첫눈에 반한 사람과 바로 결혼까지 약속하는 경우가 그렇습니다. 사실 친밀감은 뚝딱 쉽게 만들어지는 것이 아닙니다. 그래서 친밀감이 채 완성되기도 전에 사랑이 끝나버리기도 합니다.

일곱 번째 형태는 성숙한 사랑입니다. 사랑의 3요소가 모두 어우러진 완벽한 모습의 사랑을 말합니다. 사람들은 누구나 이런 성숙한 사랑을 꿈꾸지만, 세 요소를 조화롭게 유지하는 것은 쉬운 일이 아닙니다. 그래서 사랑에는 늘 노력이 필요합니다.

올바른 사랑 관계를 유지하기 위해서는 그 누구보다도 나 자신을 먼저 알아야 하고, 다양한 관점에서 바라봐야 합니다. 예컨대 나는 어떤 성격인지, 무엇을 좋아하고 싫어하는지, 그리고 사랑하는 관계에서 가장 중요하게 생각하는 부분은 무엇인지 등 스스로 내면을 들여다보고 객관화해야 합니다.

만약 자기 자신조차 제대로 알지 못한 채 무작정 사랑을 이어가려

한다면 언젠가는 반드시 크고 작은 다툼이 생기게 됩니다. 다시 말해 아무리 매력적인 외모를 가졌거나 능력이 많은 사람이라 할지라도 진심 어린 마음 없이 억지로 만들어진 관계는 결코 오래갈 수 없습니다. 오히려 처음부터 삐걱거리며 순탄치 않은 길을 걷게 될 가능성이 높습니다. 따라서 본인만의 확고한 신념과 뚜렷한 주관을 가지고 있어야만 타인으로부터 휘둘리지 않고 주도적인 사랑을 할 수 있습니다.

물론 주변 환경이나 사회 분위기 또는 가족들의 영향으로 인해 형성된 가치관이라면 하루아침에 바꾸기란 쉽지 않습니다. 하지만 그러한 가치관도 개선하고자 노력하면 충분히 바뀔 수 있고, 실제로 많은 사람들이 그렇게 하고 있습니다.

누군가는 사랑을 세상에서 가장 아름다운 단어라고 말합니다. 맞는 말입니다. 다른 누군가는 인생에서 가장 힘든 일이라고 말합니다. 그 말도 맞습니다. 누군가 여러분에게 사랑이 무엇이냐 묻는다면 뭐라고 대답할 수 있을까요. 저에게 묻는다면 '알다가도 모를 일'이라고 말하고 싶습니다.

4부

교실 속 일상을 위한 심리학

운동은 운동장에서, 공부는 도서관에서
– 사회적 촉진

공부든 일이든 마찬가지겠지만 운동 역시 혼자보다는 여럿이 함께 해야 재미있고 효율적입니다. 달리기를 한다고 가정해 봅시다. 만약 혼자 한다면 지루하고 따분해서 금방 포기했을지도 모릅니다. 하지만 친구랑 같이 뛰면 서로 격려하고 응원해 주니 힘이 납니다. 또 옆에서 누군가 뛰고 있다는 사실만으로도 자극이 되고 동기부여가 됩니다. 가끔은 선의의 경쟁자가 되기도 합니다. 이렇게 되면 자연스럽게 승부욕이 발동하고, 목표치를 달성하기 위해 최선을 다하게 됩니다.

공부도 비슷합니다. 혼자 방 안에서 공부하는 것보다는 도서관에서 다른 사람들 사이에 둘러싸여 공부할 때 왠지 더 잘되는 것 같은 기분입니다. 각자 다른 공부를 하고 있지만 그들이 뿜어내는 열기에 내 공부도 덩달아 불타오르는 느낌이 듭니다. 도서관 안에서도 좋은 자리를 맡겠다고 새벽부터 나가 줄을 서기도 합니다.

사실 저는 그런 치열한 자리 쟁탈전에 참가한 적이 별로 없습니다. 사람이 많이 드나드는 출입구 쪽만 아니면, 자리야 거기서 거기라고 생각했습니다. 하지만 생각해 보면 제가 하지 않았을 뿐, 분명 그렇게 자리 쟁탈전이 벌어진 이유가 있었을 겁니다.

인간은 사회적 동물입니다. 혼자서는 살아갈 수 없습니다. 따라서 주변 사람들로부터 영향을 받으며 살아갑니다. 그리고 그러한 관계망으로부터 기쁨, 슬픔, 분노, 즐거움 등 다양한 감정을 느끼게 됩니다. 위의 예들처럼 공부에서든 운동에서든 타인의 존재가 내 수행을 촉진하는 것을 대부분 경험해 봤을 것입니다.

이렇게 다른 사람이 곁에 있어서 수행이 촉진되는 현상을 '사회적 촉진 현상'이라고 부릅니다. 이때 누군가 옆에 있다는 자체만으로 긍정적인 자극을 받는 것을 가리켜 '각성 상태'라고 합니다. 타인이 곁에 있으면 적당한 긴장감이 생겨서 익숙하고 잘하는 일들을 더 잘하도록 만들어줍니다.

하지만 꼭 타인의 존재가 일의 능률을 올려주는 것은 아닙니다. 가령 악기를 연주할 때 주변 친구들이 나를 지켜보고 있다는 부담감 때문에 안 하던 실수를 하게 되기도 합니다. 그러나 적당한 긴장감은 효율을 높이는 데 도움이 되며, 적절한 압박감은 좋은 동기부여 수단입니다.

물론 정도가 지나치면 부작용이 생길 수 있습니다. 지나친 긴장감은 뇌 기능을 떨어뜨려 사고 능력이 저하되고, 이로 인해 사소한 실수를 하게 됩니다. 따라서 과도한 긴장감에서 벗어나려면 마음을 편안하게 가져야 합니다.

타인의 존재로 인한 긴장감에서 벗어나려면 혼자 있는 시간을 가지는 게 좋습니다. 이와 같이 사회적 촉진 현상과 대비되는 현상을 '사회적 억제 현상'이라고 부릅니다. 특히 익숙하지 않아 연습이 필요하거나 복잡한 일을 할 때에는 타인의 존재가 일의 능률을 떨어뜨립니다.

사회적 촉진과 사회적 억제는 학예발표회를 준비할 때도 볼 수 있습니다. 학예발표회는 아이들이 그동안 배워왔던 것들을 다른 사람들에게 보여주는 시간입니다. 미술 작품처럼 만질 수 있는 결과물일 수도 있고, 춤이나 노래일 수도 있습니다. 대부분의 고학년 학생들은 당시에 인기 있는 가수의 춤을 보여주는 공연을 준비합니다. 재능에 따라 차이가 있지만 춤이란 한 번 보고 바로 따라 할 수 있는 것이 아니므로, 충분히 연습할 시간이 필요합니다. 아이들은 주로 방과 후에 빈 교실이나 학교 건물 뒤 등 사람들이 잘 보지 않는 곳에서 연습합니다. 연습 초기에는 사회적 억제 현상을 살펴볼 수 있습니다. 잘 연습하고 있나 확인하러 가면 "쌤~ 저리 가요~! 지금 보면 안 돼요!"라면서 가라고 등을 떠밀곤 합니다. 누가 지켜보고 있으면 연습이 잘 되지 않는다고요. 그런데 충분히 연습하고 공연이 가까워지면 사회적 촉진 현상이 일어납니다. 다른 사람들이 보고 있어도 저리 가라는 말이 없습니다. 오히려 잘한다고 칭찬하고 호응해 주면 더 좋아하는 모습을 보입니다.

그러므로 어렵거나 도전적인 과제는 충분한 연습을 통해 익숙해질 때까지 기다려주는 것이 좋습니다. 그들만의 시간을 가지게 해줘야 합니다. 반면, 익숙해진 후에는 다른 사람들 앞에서 해볼 기회를 주는 것이 더 도움이 됩니다.

연습만큼 정직한 것도 없습니다. 꾸준히 하다 보면 반드시 성과가 나타나기 마련입니다. 물론 타고난 재능 덕분에 남들보다 빨리 습득하는 사람도 있지만, 어디까지나 예외적인 경우입니다. 따라서 평범한 사람이라면 부단히 노력해야만 원하는 목표를 달성할 수 있습니다. 조금 힘들다고 포기하면 후회만 남을 뿐입니다. 결과도 의미 있지만 열심히 연습했던 경험이야말로 훌륭한 자산이 될 것입니다.

대세를 따라야지

– 동조

지금의 부모들이 아이였을 시절, 그때는 친구들과 어울려 놀 거리가 참 많았습니다. 구슬치기, 딱지치기, 술래잡기, 고무줄놀이 등 놀이의 종류도 다양했습니다. 예전에도 PC방이라는 공간이 있었지만, 보통은 팀을 이뤄 게임을 하는 자리였고, 자연스럽게 함께 어울릴 기회도 많았습니다. 또 집 근처 놀이터에 가면 또래 친구들이 삼삼오오 모여 놀고 있었습니다. 같이 놀다 보면 어느새 저녁 먹을 시간이 되고, 엄마가 부르는 소리에 각자 집으로 돌아가곤 했습니다.

이렇게 예전에는 어린 시절에 밖에서 함께 뛰어놀았지만, 요즘 아이들은 다릅니다. 스마트폰 하나로 모든 걸 해결합니다. 혼자서도 충분히 재미있게 놀 수 있기 때문입니다.

그렇다 보니 놀이터 풍경도 예전 같지 않습니다. 미끄럼틀 위엔 아무도 없고, 그네 타는 아이들도 찾아보기 힘듭니다. 대신 삼삼오오 모여 앉아 스마트폰 삼매경에 빠져 있습니다. 친구들을 만나도 각자 자기 스마트폰만 들여다볼 뿐, 함께 어울려 놀지 않는 모습을 보고 놀랐습니다. 실내에서 보내는 시간이 압도적으로 많고, 야외 활동이라곤 기껏해야 주말에 가족끼리 나들이 가는 정도입니다. 가족끼리 외식하러 나가도 서로 자신의 스마트폰만 바라보는 모습을 심심찮게 볼 수 있습니다.

시대가 변했다고 인정해야 하지만 아쉬움이 많습니다. 과거에 비해 사회적 활동이 부족하다 보니 대인 관계 형성 능력도 떨어질 수밖에 없습니다. 이런 현상은 코로나 사태로 더 심화되었습니다. 그래서인지 부모님 세대와는 달리 요즘 아이들은 외톨이로 지내는 경우가 많습니다.

아이들의 스마트폰 사용이 걱정이지만 마냥 사용하지 못하도록 할 수도 없습니다. 또래 친구들은 전부 스마트폰 게임을 하는데, 자기만 하지 않으면 소외감을 느낄까 봐 염려되기 때문입니다.

어릴 적 오락실 좀 다녀본 분들은 아실 겁니다. 친구들 사이에서 유행하는 게임을 하고 싶어 안달이 나는 마음 말입니다. 그땐 그게 최고였습니다. 친구를 만나고 헤어지는 장소가 오락실이었던 적도 있습니다. 오락실이 스마트폰과 다른 점은 밖에 나가야 한다는 것, 그리고 친구들과 같은 공간에 있다는 것입니다. 과거를 미화하려는 것은 아니지만, 한창 뛰어놀 나이에 밖에 나가 놀지 않고 온종일 방에서 지내는 것을 보면 답답한 것이 사실입니다.

시대가 변했으니 무작정 다그칠 수도 없습니다. 게다가 아이들에게 스마트폰은 단순히 게임만을 위해 존재하는 것이 아닙니다. 서로 이야기를 나누는 수단으로도 스마트폰을 이용합니다. SNS를 사용하는 연령대도 점점 어려지고 있습니다. 소통하는 공간이 스마트폰 안에 있다 보니 혹시라도 스마트폰을 압수하면 학교생활, 친구 관계에 문제가 생길 수도 있습니다.

사람들은 아이, 어른을 가리지 않고 대세를 따르는 경향이 있습니다. 남들이 다 하는 놀이니까, 남들이 다 입는 옷이니까, 남들이 다 먹는 것이니까 따라 합니다. 이렇게 집단의 압력에 의해, 집단이 기대하는 대로 개인이 생각이나 행동을 바꾸는 것을 '동조'라고 합니다.

놀이, 옷, 음식 등 유행을 따라가는 것도 있지만 집단 따돌림도 동조의 한 예입니다. 집단 따돌림 역시 대다수의 의견에 따라 만들어지기 때문입니다. 나와 별 관계가 없는 대상이라도 남들이 다 따돌리니까 나도 따돌림에 동참하게 됩니다. 옳지 않은 행동이라는 것을 알고 있으면서도, 마지못해 집단의 의견을 따라갑니다.

아닌 걸 알면서도 그렇게 하는 이유는 뭘까요? 첫 번째는 집단에서 배척당하고 싶지 않기 때문입니다. 나 혼자만 다른 사람이 되어 고립되기보다 집단에 소속되어 있기를 갈망하는 것입니다. 두 번째는 다른 사람들의 의견을 정보로 사용하기 때문입니다. 자신이 모르는 무언가가 있기 때문에 다른 사람들이 그렇게 행동하는 것이라고 생각하고, 그래서 거기에 자신의 의견을 맞춰나가는 것입니다.

같은 놀이를 하고, 같은 노래를 듣고, 같은 것을 먹고, 같은 옷을 입는 것은 충분히 그럴 수 있습니다. 모두 다른 사람과 어울리기 위해 행동하는 것이기 때문입니다. 그러나 집단 따돌림은 다릅니다. 누군가를 유행처럼 미워해서는 안 됩니다. 남들이 다 미워하니까 나도 미워하는 것은 옳지 않습니다. 다수의, 집단의 의견이 모두 맞는 것은 아닙니다. 집단에서 떨어지고 싶지 않은 내 욕망 때문에 그른 일을 옳다고 해서는 안 됩니다.

물론 동조하지 않는 것은 쉬운 일이 아닙니다. 결과를 감당하기 힘들 수도 있고, 그로 인한 피해를 내가 모두 책임질 수 있는 것도 아닙니다. 그럼에도 당당하게 목소리를 내는 사람들이 있습니다. 작지만 강한 목소리로 세상에 큰 울림을 주는 사람들입니다.

믿는 대로 되리라

- 피그말리온 효과

　교사로서 학생들에게 긍정적인 영향을 줄 수 있다는 것은 참 행복한 일입니다. 특히 아이들이 몰랐던 것을 알게 되었을 때 보여주는, 놀라고 감탄하는 모습에서 가르치는 보람을 크게 느낍니다. 그래서 더 알려주고 싶고, 경험하게 하고 싶습니다.

　교사로서 아이들에게 거는 기대감만큼 보람찬 일도 없습니다. 반대로 그만큼 힘든 일도 없습니다. 때로는 기대감 때문에 서로가 상처받기도 합니다. 애석하게도 경험상 수업 태도가 좋지 않거나 성적이 부진한 학생일수록 기대치를 낮추는 게 좋았습니다. 그래야 마음 편히 지도

할 수 있기 때문입니다. 하지만 시간이 지나면 저도 모르게 자꾸만 높은 목표를 세우게 됩니다. 그러다가 어느새 기대감 때문에 스트레스를 받고 있다는 걸 깨닫게 됩니다. 너무 쥐지 말자, 풀어주자, 내려놓자, 하면서도 어느새 손을 꼭 쥐고 기대하고 있는 상황이 벌어집니다. 그럴 때면 스스로 자책하게 되고 자괴감마저 들기도 합니다.

기대감 때문에 자책하고 자괴감이 드는 것은 교사만이 아닙니다. 아이들도 같은 경험을 합니다. 특히 앞서 말한 수업 태도가 좋지 않고 성적이 부진한 학생들은 그동안 수도 없이 자책하고 자괴감이 들었을 것입니다.

처음부터 그런 모습은 아니었을 겁니다. 무언가가 잘 안 풀리는 상황에 있을 때 지지받지 못한 경험이 쌓이게 되면 누구나 서서히 부정적인 사람으로 변하게 마련입니다. 거기에, 너 그럴 줄 알았다, 네가 그렇지 뭐, 겨우 그 정도냐 등 부정적인 평가를 지속적으로 받게 되면 자존감은 더욱 나락으로 떨어지게 됩니다. 어릴수록 그런 말을 듣는 것은 절대 좋지 않습니다. 말이 씨가 됩니다. 정말 그 정도뿐인 사람이 될 수 있습니다. 저는 그 점이 너무 안타까웠습니다.

사실 대부분의 어린아이들은 많은 기대감을 받으며 자랍니다. 어른들은 아이가 조금만 잘해도 나중에 커서 뭐라도 하겠다며 큰 기대감을 가집니다. 때로는 실제로 기대하던 것이 현실이 되기도 합니다. 아이에게 넌 할 수 있다, 잘 해낼 거야, 가능성이 있어 등 긍정적인 기대와 믿음을 꾸준히 보내면 아이의 말과 생각이 정말 그렇게 바뀌게 됩니다. 말과 생각이 바뀌니 행동이 바뀌고, 자연스레 현실도 바뀝니다. 기대했던 현실이 이뤄지는 것입니다.

반대로 부정적인 기대와 믿음도 마찬가지로 현실을 바꿀 수 있습니다. 물론 좋지 않은 방향으로 바뀌게 됩니다. 나를 이용하려 든다, 나를 싫어할 거라는 생각은 다른 사람들이 내 곁에 오는 것을 막습니다. 내가 내 옆을 내주지 않는데 누가 내 옆에 올 수 있을까요. 그렇게 혼자가 되고, 주변에서도 더 이상 다가가지 못하고 정말로 그 사람을 싫어하게 됩니다.

이렇게 자신이 가진 믿음이 실제 현실로 벌어지는 것을 '피그말리온 효과'라고 합니다. 그리스 신화에 나오는 조각가 피그말리온의 이름에서 유래한 말입니다. 피그말리온은 아름다운 여인상을 조각했는데, 그만 그 여인상을 사랑하게 되고 말았습니다. 피그말리온은 아프로디테 여신에게 여인상을 살아 있는 여자로 만들어달라는 간절한 기도를 올렸고, 마침내 소원이 이루어졌습니다. 이후 둘은 결혼하여 행복하게 살았다고 합니다.

교육 현장에서도 마찬가지입니다. 교사가 믿음을 주면 학생들도 그대로 따릅니다. 긍정적인 피드백을 주면 점점 적극적이고 능동적인 자세로 변합니다. 반대로 부정적인 피드백을 계속하면 점점 소극적이고 수동적인 자세로 변합니다. 따라서 칭찬과 격려를 아끼지 말아야 합니다. 그래야 스스로 동기부여가 되어 공부든 운동이든, 뭐든지 열심히 하게 됩니다.

피그말리온 효과는 생각보다 큰 파급력을 가지고 있습니다. 아이를 키우는 부모와 학생들을 가르치는 교사는 특히 명심해야 합니다. 아이를 향한 기대가 달라지면 아이들의 현실도 그에 맞게 변할 수 있습니다.

저 역시 아이들에게 더 긍정적인 기대감을 주지 못한 점을 매우 반성해야 한다고 생각합니다. 긍정적인 기대감을 주는 것이 생각보다 쉽진 않았습니다. 어쩌면 저 스스로가 그런 기대를 하지 않은 탓이겠지요. 수업에 비협조적인 아이들은 변화가 어려울 것이란 생각에, 사실 큰 기대를 하지 않은 적도 있습니다. 그런 교사의 모습이 그 아이들에게 전달되었을지도 모릅니다. 또 당시엔 아이를 혼내도 되는 상황이라고 생각했지만, 지나고 나니 그때 좀 더 잡아주고 끌어줄 것을, 하고 후회가 되기도 합니다.

이제는 저부터 아이들을 향한 긍정적인 기대를 가슴에 품어야겠습니다. 너희는 할 수 있다, 좋은 일이 생길 거라고 말입니다.

내 말대로 해봐
– 설득

학교 안에서는 많은 교직원과 아이들이 관계를 맺으며 살아갑니다. 하지만 모든 인간관계가 그렇듯 항상 원만하기만 한 것은 아닙니다. 때로는 갈등 상황도 발생하고, 서로 간의 의견 차이가 감정 싸움으로 번지는 경우도 많습니다. 이러한 일들은 누구에게나 일어날 수 있는 일입니다. 그렇다면 어떻게 해야 타인과 원만한 관계를 유지할 수 있을까요?

여기서 바로 '설득'이라는 개념이 필요합니다. 즉, 상대방을 내가 원하는 방향으로 움직이게 만드는 힘이 있어야 합니다. 그리고 이를 가능케 하는 것이 바로 '설득의 심리학'입니다.

만약 누군가를 설득하려 한다면 먼저 그 사람에게 긍정적인 이미지를 심어주어야 합니다. 그래야 자신의 주장을 펼칠 때 더 큰 효과를 볼 수 있기 때문입니다.

긍정적인 이미지로 대표적인 것은 바로 매력적인 외모입니다. 산뜻하고 매력적인 외모는 분명 설득에 도움이 됩니다. 예를 들어 광고는 그것을 보는 이들을 설득하는 것이 목적입니다. 물건을 사게 하든, 행동을 유도하든, 광고를 보는 사람을 설득하여 원하는 대로 행동하게 만들어야 합니다. 그렇다 보니 매력적인 설득 수단이 필요하고, 그 수단 중 하나가 매력적인 모델입니다. 꼭 조각처럼 잘생기고 예뻐야만 매력적인 것은 아닙니다. 꼭 그런 외모가 아니더라도 매력 있고 호감이 가는 사람이 있습니다. 광고는 그런 사람을 등장시켜서 사람들을 설득합니다. 사람은 매력적인 사람이 설득할 때 태도가 변화할 가능성이 높다고 합니다. 물건을 팔거나 계약을 유도하는 등 누군가를 설득하는 직업에 있는 사람들이 매력적인 외모를 유지하기 위해 노력하는 것은 이런 이유 때문입니다.

교실 안은 등교부터 하교까지 설득으로 시작해서 설득으로 끝난다고 해도 과언이 아닙니다. 교사는 지도를 위해 아이들을 설득하고, 아이들은 친구 관계에서 서로 설득합니다. 그런데 교실에서도 외모의 중요성을 느낄 수 있습니다. 어른이든 아이든 보기에 멋지고 예뻐 보이면 호감을 가지게 되니까요.

매력적인 외모를 가진 사람의 주변에 사람이 몰리는 것은 사실 자연스러운 일입니다. 친구를 사귀는 데에도 매력적인 외모가 큰 도움이 됩니다. 반대로 외모가 많이 떨어지는 경우 상대적으로 친구를 사귀는 것이 쉽지 않습니다.

돌이켜보면 참 씁쓸했지만 지금도 기억나는 일이 있습니다. 교실에서 친구들과 잘 어울리지 못하는 아이가 있어, 혹시 무슨 문제라도 있는지 다른 아이들에게 물어본 적이 있었습니다. 그때 아이들의 대답은 교사로서 받아들이기 힘든, 너무 당황스럽고 걱정스러운 이야기였습니다. "못생겨서 싫어요."

외모로 인해 친구 관계가 좋지 못했던 그 아이는 못생겼다는 이유로 무리에 잘 받아들여지지 못하고 겉돌았고, 그렇다 보니 성격도 소심하게 변했습니다. 그로 인한 소극적인 행동이 다시 다른 아이들의 마음에 들지 않았고, 더욱 친구들과 멀어지는 이유가 되고 말았습니다. 그야말로 악순환이었습니다.

아이들 여럿이 그 아이의 이름을 가지고 놀리던 순간이 있었습니다. 짜증을 낼 법도 했지만 아이의 반응은 그렇지 않았습니다. 어쨌든 자신의 이름을 부르며 관심을 가져주는 것이 다행스러웠는지, 웃음을 지어 보인 것입니다. 저는 차마 그 상황에서 간섭할 수 없었습니다. 그 아이가 웃고 있는 그 상황을 중단시키는 것이 누구를 위한 것인지, 판단하기 어려웠습니다. 지금도 그렇습니다.

인간은 감정의 동물입니다. 따라서 상대방을 설득하려면 먼저 내 마음속에서부터 긍정적인 감정이 샘솟아야 합니다. 그래야 상대에게도 좋은 기운을 전달할 수 있기 때문입니다. 반대로 부정적인 감정 상태에서는 제대로 된 소통이 어렵습니다. 서로 얼굴을 마주하고도 대화가 겉돌거나 심지어 싸움으로까지 번지는 일이 비일비재합니다. 그러므로 누군가를 설득해야 한다면 우선 나부터 밝은 에너지를 발산해야 합니다. 그러면 자연스럽게 분위기가 밝아질 테고, 그렇게 상대방을 기분 좋게 해주면 덩달아 호감도도 상승할 것입니다.

거기에 더해 사람은 기분이 좋으면 정보를 철저하게 검토하지 않는 경향이 있습니다. 반대로 기분이 나쁘면 평소보다 더 까칠하고 깐깐해집니다. 설득은 물론 접근도 쉽지 않습니다. 따라서 무언가를 설득해야 한다면 상대방의 기분이 좋을 때 실행하는 것이 좋습니다. 조금 더 편안하고 덜 철저한 상태에서 허락을 받아낼 수 있습니다. 물론 이것만으로 모든 상황이 해결되지는 않지만, 최소한 유리한 고지를 선점할 수 있습니다.

학교에서는 매년 흡연 예방 캠페인을 실시하고 있습니다. 흡연 예방 문구를 적은 피켓을 들고 교문 앞에 한 줄로 서서 담배를 피우지 말자고 외칩니다. 또 흡연 예방을 주제로 포스터를 그리기도 합니다. 대부분 담배를 피우면 건강이 나빠지고, 특히 폐암으로 죽게 된다는 내용을 담고 있습니다. 담배를 피우지 않는 아이들에겐 공포를 심어주어서

흡연을 막을 수도 있습니다. 문제는 이미 담배를 피우고 있는 아이들입니다.

사실 담배를 피우는 사람들에게 흡연 예방 캠페인의 효과는 없다고 해도 될 정도입니다. 캠페인 덕분에 금연에 성공했다는 사람은 본 적이 없습니다. 캠페인의 설득이 통하는 대상은 비흡연자입니다. 담배를 피우면 일찍 죽는다고 겁을 주면 담배를 피우지 않을까요? 그렇지 않습니다. 오히려 더 방어적으로 변합니다. 담배의 부정적인 면을 자꾸 강조하면, 오히려 담배가 스트레스를 줄여주고 정신건강에 도움을 준다는 등 좋은 점도 있다고 주장합니다. 쉽게 그만둘 수 없는 일이기 때문에 오히려 지속해도 되는 이유를 찾고, 더더욱 금연과 멀어지는 것입니다. 그러므로 무작정 겁을 주고 그만두라고 하기보다는 대신할 수 있는 행동을 구체적으로 제시하고, 그 행동을 했을 때 얻을 수 있는 효과를 알려주어야 합니다.

아이들의 흡연은 충격적이면서도 한편으론 안타깝습니다. 어른 흉내를 내고 싶었던 걸까요, 아니면 호기심이었을까요? 이유가 무엇이든 어린 나이에 벌써부터 일탈 행위를 일삼고 있다는 사실이 씁쓸하기만 합니다.

때로는 혹시라도 나쁜 길로 빠지지 않을까 염려되기도 합니다. 그렇지만 흡연만으로 섣불리 판단해선 안 됩니다. 흡연 여부도 중요하지만 행동 특성 및 정서 상태, 그리고 학교생활 적응 정도 등 다양한 측면을 고려해야 합니다. 학업 스트레스나 가정불화로 인한 우울감 탓일 수도 있고, 일시적으로 충동을 조절하지 못한 결과일 수도 있습니다. 흡연의 원인을 고려하지 않고 무작정 비난만 한다면 반발심만 키울 수 있습니다. 그렇기 때문에 대화를 통해 현재 상태를 먼저 파악하고, 그런 뒤에 금연 프로그램 참여 여부를 결정하거나 전문가의 도움을 받도록 하는 것이 좋습니다.

또 흡연과 같은 문제행동을 개인적인 일탈행위로만 치부해서는 안 됩니다. 모든 원인을 아이 탓으로 돌려서도 안 됩니다. 무관심 등 분명 어른들의 책임도 있습니다. 아직 사리분별 능력이 부족한 만큼 보호자, 주위 어른들의 각별한 주의가 필요합니다.

비교하지 마세요
– 비교의 덫

아이들은 교실에서 다양한 비교 상황에 놓입니다. 예를 들어 키가 큰 친구 옆에 서면 작아 보이고, 뚱뚱한 친구 옆에 서면 날씬해 보일 것입니다. 영어 발음이 유창한 친구가 있는 반면 우리말도 어눌한 친구도 있습니다. 하루에 1천 원씩 용돈을 받는 친구도 있지만, 일주일에 1천 원씩 받는 친구들도 있습니다. 누가 봐도 예쁜 친구가 있고, 외모 때문에 열등감을 느끼는 친구도 있습니다. 이렇게 아이들은 남들과의 비교 속에서 자신을 평가합니다. 어른도 사실 다르지 않습니다. 우리는 모두 다른 사람과 비교하면서 스스로를 평가합니다.

문제는 자신과 남들을 비교하다 보면 불행에 빠질 수 있다는 것입니다. 아이들이 서로 비교하면서 발생하는 불행한 상황 중 대표적인 것이 성적 비교, 외모 비교, 사회적 지위 비교입니다.

서로 성적을 비교하다 보면 경쟁 관계가 생길 수 있습니다. 경쟁은 성장을 위한 자극을 줄 수도 있지만, 많은 경우 학습에 방해가 됩니다. 특히 비교하는 성적의 차이가 클 경우, 낮은 성적의 아이는 따라잡을 수 없다는 것을 느끼고 학습을 포기해 버리기도 합니다.

외모 비교는 아이들의 자존감에도 큰 영향을 줍니다. 아이들은 서로의 외모, 복장, 분위기 등에 대해 비교하면서 자신이 부족하다는 느낌을 받기도 합니다. 관리 정도에 따라 차이가 있긴 하지만, 외모란 타고난 부분이 많은 비중을 차지하는 영역입니다. 다시 말해 내 힘으로는 어쩔 수 없는 부분이 있다는 것입니다. 내 힘으로 바꿀 수 없는 것들에 실망하면 더 이상 아무런 의욕도 생기지 않습니다. 그런 체념이 일상이 되면 자신감과 자존감을 키울 수 없습니다.

또 아이들은 서로의 가정, 보호자의 사회적 지위, 재산 상황 등을 비교하기도 합니다. 이러한 사회적 지위 비교는 외모 비교와 이어지기도 하며, 자존심을 훼손할 수 있습니다.

이렇게 서로 비교하는 상황은 아이들에게 상당한 압박을 주고, 불행한 감정을 일으키며, 성장을 방해합니다. 교실은 학습과 소통을 위한 공간으로서 아이들이 성장할 수 있는 환경이어야 합니다.

비교가 악의 원흉은 아닙니다. 우리는 살면서 많은 비교를 해왔고, 앞으로도 비교하면서 살아갈 것입니다. 우리는 비교하는 삶을 살면서도 행복할 수 있습니다. 이를 위해 자신과 다른 사람을 비교하는 세 가지 상황을 알아두면 좋습니다.

첫째, 자신보다 나은 사람과 비교하는 것입니다. 이런 비교는 더 열심히 해야겠다는 의욕을 불러일으키기도 합니다. 나도 노력하면 이룰 수 있고, 나라고 못 할 것도 없다는 생각으로 도전하면서 성장할 수도 있습니다. 하지만 따라잡을 수 없는 현실이나 주어진 조건 자체가 다르다는 것을 깨닫는 순간, 끝도 없는 불행에 빠지기도 합니다.

둘째, 나와 비슷한 사람과 비교하는 것입니다. 어쩌면 가장 현실적인 비교라고 할 수 있습니다. 내 건강 상태나 운동 능력이 어떤지 비교하려면 나보다 젊거나 늙은 사람보다는 같은 나이대의 사람과 비교해야 합니다. 거기에서 자신의 부족한 점을 찾을 수도 있고, 잘하고 있는 것을 더 자극할 수도 있습니다.

셋째, 나보다 못한 사람과 비교하는 것입니다. 나보다 성적이 안 좋거나, 건강이 나쁘거나, 재산이 적은 사람과 비교하면 내가 얼마나 행복하고 멋진 삶을 살고 있는지 확인할 수 있습니다. 이렇게 올라간 자존심은 내 행동과 마음까지 바꿀 수 있습니다. 나아가 다른 사람에게 베풀 수 있는 여유를 줍니다. 비교하면서도 행복한 삶을 살 수 있는 비결이 여기에 있습니다.

나보다 못한 사람과 비교하는 것은 자신의 성장을 위해 중요할 수 있습니다. 이를 통해 자신이 해야 할 것을 더욱 명확하게 인식하고, 목표를 설정할 수 있으며 다음 단계로 성장하는 길을 찾을 수 있습니다. 또, 무엇을 해야 하는지 더 명확하게 알 수도 있습니다.

예를 들어 성적을 비교하면 자기가 더 노력해야 할 분야를 알 수 있고, 더 공부해야 하는 과목을 알 수 있습니다. 나보다 못한 사람과 비교하면서 자신의 부족함을 받아들이고 자신의 가치를 더욱 깨달을 수 있습니다. 그리고 이를 극복하는 방법을 찾아보며 성장할 기회를 가질 수 있습니다.

이렇게 나보다 못한 사람하고 비교하면 행복할 수 있습니다. 하지만 교실에서, 그리고 아이들에게 그렇게 살아야 한다고 말하기는 쉽지 않습니다. 자칫 상대방을 무시하는 태도를 기를 수도 있고, 자만에 빠질 수도 있기 때문입니다. 노력을 통해 더 성장하는 것이 아니라 지금의 모습에 만족할 수 있고, 이를 통해 성장 기회를 스스로 놓칠 수도 있습니다.

우리는 다른 사람들과 비슷해지려고 노력합니다. 더 정확히 말하면, 더 나은 사람들하고만 비슷해지려고 노력합니다. 그렇기에 비교를 멈출 수 없고, 비교 없는 삶을 살 수는 없을 겁니다. 그러나 나보다 나은 사람들과 비교하는 상승 비교는 앞서 말한 것처럼 불행의 씨앗을 품고 있기에 더욱 조심해야 합니다.

자신이 갈 길을 확신하는 사람은 남과 비교하지 않지만, 그렇지 않은 사람은 남과 비교하기를 좋아합니다. 남과 비교해서 더 나으면 그것이 자기 길이라고 믿기도 합니다. 거기서 행복을 찾는 것도 물론 좋습니다. 그러나 세상은 넓고, 나보다 잘난 사람은 언제나 존재합니다. 내가 더 낫다는 것도 행복하지만, 그렇다고 해서 노력을 게을리해서는 안 됩니다.

이 음식엔 아주 슬픈 전설이 있어요
– 가르시아 효과

수요일이면 급식에 무슨 메뉴가 나오는지 유독 궁금해집니다. 비빔밥, 덮밥이나 짜장면, 카레라이스, 국수 등 평소와는 달리 특별한 메뉴가 나오기 때문입니다. 아이들도 기대하지만 교사인 저도 항상 수요일을 기대하며 기다리곤 합니다. 하지만 모든 학생들이 이날을 기뻐하진 않습니다.

카레라이스와 짜장면이 나오는 날이면 항상 떠오르는 아이가 있습니다. 그 아이는 유독 두 메뉴를 싫어했습니다. 나아가 밥에 무언가를 비벼 먹는 것 자체를 그리 좋아하지도 않았습니다. 다른 아이들은 다

비벼서 맛있게 먹는데, 혼자 맨밥에 반찬을 뒤적이는 모습이 참 안타까웠습니다. 나중에 카레와 짜장이 싫은 이유를 물어봤더니, 어렸을 때 먹고 탈이 난 적이 있어서 그 이후로는 입에 들어가질 않는다고 했습니다. 맛이 없는 것은 아닌데 먹고 또 탈이 날까 봐 씹거나 삼킬 수가 없다는 것입니다. 앞으로 두 메뉴를 만날 날이 많을 텐데, 너무 안타까웠습니다.

특정한 음식을 먹고 체하거나 탈이 나서 토하는 경우, 조리 과정에서 비위가 상하거나 충격을 느끼는 등 불쾌한 경험을 겪은 경우 그 음식을 기피하게 되는 현상을 '가르시아 효과'라고 합니다. 생선 가시가 목에 걸린 이후로 생선 자체를 먹지 않는 경우 등, 생각보다 많은 아이들에게서 가르시아 효과를 확인할 수 있습니다.

저도 어릴 때 그런 경험이 있었습니다. 밤에 자두를 먹었는데 한입 베어 먹은 자리에 벌레가 꿈틀거리는 것을 본 것입니다. 얼마나 놀랐던지 먹던 자두를 던져버리고, 한동안 자두는 입에 대지도 않았습니다. 이후에 자두는 벌레가 나올 수도 있으니 불 꺼놓고 먹어야 한다는 이야기를 듣기도 했습니다.

꼭 먹고 탈이 나지 않아도 음식을 기피하는 경우도 있습니다. 그 음식을 제조하는 과정에 충격을 받는 경우가 대표적입니다. 특히 채식을 하게 된 사람들에게서 종종 그런 경우를 볼 수 있습니다. 채식의 이유는 다양합니다. 건강상의 이유, 영양, 지속가능한 경제, 동물복지 등 다양한 이유가 있지만 축산 현장에서 알게 된 가공 과정에 충격을 받아 지금까지 먹었던 고기를 더 이상 먹을 수 없게 되어 채식을 선택하기도 합니다.

사실 가르시아 효과는 생존에 필요한 대처 능력이기도 합니다. 학습을 통해 자신에게 해가 되는 것을 피하는 것입니다. 불쾌한 경험은 단 한 번으로도 엄청난 영향을 줍니다. 평생 그 음식을 멀리하기도 하니까요. 특히 처음 먹어본 음식일수록 그 강도가 큽니다. 평소 먹던 것인데 어쩌다 탈이 난 경우에는 이번에만 그런 거라고 넘어갈 수도 있지만, 처음 먹는 음식을 먹고 탈이 나면 이 음식은 나와는 맞지 않는다고 판단하기 때문입니다. 다른 걸 먹고 말지, 하며 평생 손도 대지 않을 수 있습니다.

한두 가지 음식이야 사실 먹지 않는다고 해서 크게 문제가 되지는 않습니다. 하지만 음식 재료를 기피한다면 문제가 될 수도 있습니다. 육식이든 채식이든, 한쪽으로 치우치면 영양 불균형을 유발합니다.

편식이 건강에 좋지 않다는 것은 누구나 알고 있습니다. 골고루 먹어야 균형 잡힌 영양 섭취가 가능합니다. 특히 성장기 어린이에게 편식은 심각한 문제입니다. 한창 자라야 할 시기에 영양소 부족으로 인해 발육 부진 등의 부작용이 나타날 수 있기 때문입니다. 게다가 두뇌 발달에도 악영향을 끼칩니다. 뇌세포 구성 성분인 DHA가 풍부한 생선류 및 해조류, 비타민 B군이 함유된 콩류 식품 등을 먹지 않으면 지능 발달에 지장을 초래할 수 있습니다. 따라서 아이들에게 어릴 때부터 다양한 식재료를 경험하도록 하는 것이 좋습니다. 학교에서도 편식하지 않도록 급식 지도를 하지만, 부모님의 역할이 매우 중요합니다.

먹고 탈이 난 것을 억지로 먹일 필요까지는 없습니다. 그보다는 대체할 수 있는 재료를 찾고 조리법을 달리하거나 모양을 예쁘게 만드는 등 거부감을 줄일 수 있도록 노력하는 것이 좋습니다. 가르시아 효과가 생존에 필요한 현상이긴 하지만, 건강을 생각하면 마냥 두고 볼 일은 아닌 것 같습니다.

장난이 장난이 아니야

- 깨진 유리창 이론

학교폭력 예방 교육 현장에서는 늘상 강조하는 말이 있습니다. 바로 사소한 괴롭힘도 범죄라는 것입니다. 가해 학생 입장에서는 장난이었을지 몰라도 피해 학생에게는 씻을 수 없는 상처이자 트라우마로 남을 수 있기 때문입니다.

사소한 것이 꼭 사소한 것으로 끝나는 것은 아닙니다. 사소한 갈등이 심각한 싸움으로 커질 수도 있다는 인식이 부족하면, 작은 다툼 정도는 간과해 버리고 맙니다. 장난 삼아 툭 치고 지나가더라도 당하는 입장에서는 매우 불쾌할 수 있습니다. 다른 사람을 불쾌하게 만드는 장난은 하지 말아야 합니다. 불쾌하게 느낄 줄 몰랐다며 변명할 수도 있겠지만, 상대방의 입장에서 생각해 보면 당당하기만 할 수는 없을 겁니다. 서로 배려하고 존중하는 마음을 갖도록 지도하는 것이 필요합니다.

사소한 다툼은 지금 당장은 아무런 문제가 없어 보여도, 조금만 방치하면 걷잡을 수 없이 커질 수 있습니다. 그러므로 늘 세심한 관찰과 주의가 필요합니다.

'깨진 유리창 이론'이라는 말을 들어보셨나요? 지역의 안전성과 깨진 창문의 관계를 설명하는 이론입니다. 이 이론은 지역에 깨진 창문이 그대로 방치되어 있는 경우, 그 지역은 더 빠르게 범죄가 발생할 가능성이 높다는 것입니다. 깨진 창문은 범죄가 일어날 수 있는 공간임을 시사하며, 범죄자들은 이를 이용해 범죄를 저지를 수 있다고 보는 것입니다. 따라서 깨진 창문을 수리하는 것이 그 지역의 안전성을 높일 수 있다는 것입니다.

깨진 유리창 이론에 빗대어 학교폭력을 설명하면, 학교에서 발생하는 작은 폭력 행위, 예를 들어 부적절한 언어를 사용하거나 사소하지만 불쾌한 장난 같은 행동들을 무시하면 그것은 구타, 왕따 등 더 큰 폭력 행위가 발생할 가능성을 증가시킵니다. 즉 이러한 행동을 무시하는 것은 가해 학생들에게 그들이 원하는 것을 할 수 있음을, 학교에서 더 큰 폭력 행위를 촉발할 수 있다는 신호를 전달하게 되는 것입니다. 따라서 사소하고 작은 폭력 행위라 해도 신속하고 철저하게 처리해야만, 더 큰 폭력 행위를 방지할 수 있습니다.

사소한 폭력을 막는 방법은 여러 가지가 있습니다. 첫째, 인식 교육입니다. 학교에서는 인식 교육을 통해 폭력을 인식하고 이를 멈출 수 있도록 교육해야 합니다. 둘째, 규정 준수입니다. 학교는 폭력 행위를 막기 위해 규정을 정하고, 이를 준수하도록 강요해야 합니다. 규정 준수는 자율적으로 하는 것이 아니라, 가해자와 피해자 모두를 위해 꼭 지켜야 하는 것입니다. 셋째, 상담 및 지원입니다. 폭력을 겪은 아이들은 상담과 지원을 받아야 합니다. 위로 차원이 아니라 아이의 상황을 폭력 이전으로 되돌리기 위한 노력과 수단을 제공해야 합니다. 넷째, 협력입니다. 학교, 교사, 학부모, 경찰 등 다양한 관련 기관이 협력하여 폭력을 막는 것이 중요합니다. 각 기관들은 각자의 역할과 책임을 가지고 있습니다. 학교는 학생들의 안전과 정상적인 학습 환경을 유지하는 데 책임이 있으며, 교사는 학생들의 교육과 관리에 책임이 있습니다. 학부모는 자녀의 안전과 교육에 관심을 가져야 하고, 경찰은 학교 환경에서의 범죄를 방지하는 데 책임이 있습니다. 따라서 학교, 교사, 학부모, 경찰 등이 협력하여 폭력을 막는 것은 학생들의 안전과 정상적인 학습 환경을 유지하는 데 중요합니다.

깨진 유리창 이론은 교실 청소의 중요성을 설명하는 데에도 사용될 수 있습니다. 교실의 청소 상태는 아이들의 학습 환경에 영향을 미칩니다. 깨끗하고 안정적인 환경은 학생들의 학습에 좋은 영향을 미치고, 반면에 더러운 환경은 학습에 방해가 되며 심리적 건강에도 악영향을 미칠 수 있습니다. 사실 매일 청소를 하는데도 왜 볼 때마다 교실에는 지저분한 것들이 보이는지, 신기하기도 합니다. 그렇게 노력하는데도 교실이 계속 더러워지는 데에는 다음과 같은 이유가 있을 것입니다.

첫째, 청소를 적극적으로 하지 않은 경우입니다. 청소를 한다며 시간을 쓰긴 했지만, 대충 쓸고 닦았다면 당연히 더러울 수밖에 없습니다. 둘째, 사용 후 정리하지 않을 경우입니다. 교실에서 사용하는 책, 도구, 문구 등을 정리하지 않으면 교실은 계속 더러워지게 됩니다. 셋째, 일정한 청소 관리가 없을 경우입니다. 교실은 일정한 시간에 일정한 구역을 정해 청소해야 합니다. 구역을 제대로 나누지 않고 청소하면 놓치는 곳이 생기기 마련이고, 그런 곳이 지저분해지기 시작하면 주변까지 더럽힐 수 있습니다.

청소하지 않은 교실은 공기 청정도가 낮아지고, 미세먼지가 증가하며, 그로 인해 아이들도 집중하기 어렵고 마음이 편안하지 않을 수 있습니다. 교실 청소는 아이들의 학습 환경을 유지하고 건강을 보장하는 데 중요한 역할을 하기 때문에, 주기적으로 실시하여 깨끗한 학습 환경을 유지해야 합니다.

나 진짜 비뚤어질 테다

- 낙인 효과

무상 급식이 한창 논란거리였던 적이 있습니다. 저소득 계층을 대상으로 하는 선별적 무상 급식이냐, 모든 학생을 대상으로 하는 보편적 무상 급식이냐를 두고 사회가 반으로 나뉘기도 했습니다. 예산 마련, 실시 범위, 지원 방법 등 다양한 논란이 있었지만, 대부분의 논란은 일을 진행하기 위한 어른들의 고민이었습니다.

무상 급식의 형태에 대해 걱정했던 부분은 바로 저소득 계층만을 대상으로 했을 경우 그 아이들에 대한 낙인 효과가 발생할 수 있다는 점입니다. 저소득 계층을 대상으로 선별적 무상 급식을 실시한다면 또래들은 무상 급식을 받는 아이들을 다르게 볼 수 있고, 그로 인해 왕따나 차별이 발생할 수도 있습니다. 이는 무상 급식의 대상이 되는 아이들에게는 수치심과 고립감으로 이어지고, 사회적 상호작용과 행복에 부정적인 영향을 미칠 수 있습니다. 또한 그들의 가정이 사회로부터 소외되거나 사회적, 경제적 지위에 따른 추가적인 차별과 편견이 생길 수도 있습니다. 뿐만 아니라 그들의 학습 능력이나 동기 수준까지 부족한 것으로 판단하는, 잘못된 근거로 작용할 수도 있습니다. 이러한 낙인 효과를 피하기 위해서는 가정의 소득 수준에 관계없이 모든 학생에게 무상 급식을 제공해, '빈곤'이나 '어려움'이라는 꼬리표가 붙지 않도록 해야 합니다.

낙인은 부정적인 특성이나 그와 연관된 것들을 떠올리게 하는 꼬리표입니다. 낙인이 찍힌 사람은 그 부정적인 의미 때문에 인간관계, 취업, 교육, 거주지 등 많은 분야에서 차별받을 수 있습니다. 게다가 낙인에 따른 불안, 우울증, 망가진 자존감과 같은 건강 문제까지도 생길 수 있습니다.

가장 안타까운 것은 낙인이 찍힌 경우, 처음에는 그렇지 않았지만 그 낙인 때문에 이후에 정말로 그렇게 변할 수도 있다는 것입니다. 한 사람에게 범죄자라는 낙인을 찍으면 그 사람은 정말 범죄를 저지를 수밖에 없는 상황으로 내몰릴 수도 있습니다. 자신에 대한 부정적인 편견으로 인해 삶을 제대로 살아갈 수 없고, 결국 살아남기 위해서 범죄를 저질러야만 하는 상황이 벌어지기도 하는 것입니다. 이처럼 잘못된 고정관념을 만드는 것은 낙인 효과가 가지고 있는 가장 큰 문제점입니다.

우리는 언제나 어떤 사연으로 인해 낙인찍힐 수 있고, 누구도 낙인 효과를 피할 수는 없습니다. 그렇지만 안타깝게도 저소득층 아이들은 다른 아이들보다 부정적인 낙인이 찍힐 가능성이 더 높습니다. 또래에 비해 부족한 자원은 그들을 열등감과 고립감에 빠지게 합니다. 이는 그 아이들의 외모, 성격, 행동에 부정적인 영향을 주고, 더 무시당하게 만들 수 있습니다. 아이들은 자신의 능력을 의심하고, 학교에서는 자신의 자리를 찾을 수 없다고 생각하여 학업 성적마저 악화될 수 있습니다. 이는 다시 사회적 고립으로 이어지기도 합니다.

적어도 학교는 모든 아이들에게 어떠한 차별도 없이 동등한 기회를 제공해야 합니다. 특정 집단에 낙인이 찍힐 확률이 높다는 것은 부정할 수 없지만, 그렇다고 해서 낙인을 찍을 이유도, 찍힐 이유도 없습니다.

낙인에 관해 기억해야 할 가장 중요한 것 중 하나는 그것이 학습 격차를 만든다는 것입니다. 낙인이 찍힌 사람들은 자신의 상황이 충분하지 않다고 느끼거나 해당 집단에 속하지 않는다고 느낄 수 있습니다. 즉 고립되고 혼자라고 느끼게 되고, 이것은 그들이 배우고 성장하는 것을 더 어렵게 만듭니다. 낙인이 찍히게 되면 지적이지 못하거나 능력이 부족할 것이라고 여겨지고, 그만큼 다른 아이들보다 낮은 기대치로 인해 충분한 지지와 격려를 받지 못하게 되며, 이 때문에 실제로 학습 능력이 떨어지기도 합니다. 학습 능력은 단순히 지능의 문제가 아닙니다. 아이의 자존감이나 동기 수준도 학습 능력에 큰 영향을 미칩니다. 자존감과 동기를 떨어뜨리는 낙인이 학습 능력에 영향을 주는 이유입니다.

이를 방지하기 위해서는 모든 아이들이 성공을 경험하는 교실을 만드는 것이 중요합니다. 아이들마다 다른 학습 스타일과 능력을 수용할 수 있어야 하고, 다양한 교수법과 자료, 평가 방법을 활용해야 합니다. 특히 정기적인 평가를 통해 아이들의 수준을 파악하고 부족한 점을 채워나가는 활동이 필요합니다.

아이들이 함께 배우고 지식을 공유하도록 격려하는 것도 긍정적인 교실 문화를 형성하여 낙인을 줄이는 데 도움이 될 것입니다. 활동에 참여할 수 있도록 기회를 제공하고, 과정을 격려하며, 결과를 비난하지 않는다면 모든 아이들이 성공을 경험할 수 있습니다.

너는 운이 좋았을 뿐이야

– 이기적 편향

　우리는 우리 자신의 렌즈를 통해 세상을 보고 우리 자신의 편견에 근거하여 상황을 해석합니다. 우리는 끊임없이 스스로를 주시하고, 우리의 행동과 신념을 정당화할 방법을 찾으려고 노력합니다. 그리고 우리는 성공하면 내 덕분이고, 실패하면 남 때문, 세상 때문, 운 때문이라고 생각합니다. 우리는 스스로에게 도취한 채 어두운 면을 외면하려 애씁니다. 자신이 남들보다 못할 수 있다는 사실을 쉽게 받아들이지 못합니다. 이처럼 자신에게 유리하게 생각하는 것은 인간의 본성입니다. 심리학에서는 이를 '이기적 편향'이라고 부릅니다.

교실에서도 이기적 편향의 사례를 살펴볼 수 있습니다. 잘 되면 내 탓, 못 되면 네 탓이라 생각하는 아이들이 생각보다 많습니다. 그래서 싸움이 일어났을 때의 대표적인 형태도 네 탓 공방입니다. 사실 크게 중요한 일도 아닌 것 같지만, 네가 맞냐 내가 맞냐를 두고 치열하게 논쟁하다가 감정이 터져버리는 경우도 많습니다. 물론 시비를 가리는 것도 중요하지만, 서로 책임을 지지 않으려는 모습을 보면 "어쩜 그리 자기 생각만 하냐." 하는 잔소리가 나오기도 합니다.

아이들은 자신의 능력과 행동을 긍정적으로 생각합니다. 그래서 자신은 잘못의 원인이라고 생각하지 않습니다. 상황은 어긋났지만 서로가 자기 탓이 아니라고 하니, 싸움이 날 수밖에 없습니다.

나름 공부를 좀 한다는 아이들도 이기적 편향의 모습을 보입니다. 높은 성적을 받은 아이들은 자신의 똑똑한 머리와 노력 때문에 좋은 결과를 얻었다고 생각합니다. 물론 틀린 말은 아닙니다. 하지만 다음 시험이나 과제에서 낮은 성적을 받았을 때에는 자신의 단점이나 부족한 준비 과정에 대해서 탓하지 않습니다. 이상한 문제를 낸 선생님 탓이 됩니다. 마찬가지로 성적이 좋지 않은 아이들에게서도 이기적 편향을 볼 수 있습니다. 자기 머리가 나빠서, 가정 환경이 공부할 환경이 아니어서, 학원을 다니지 못해서 등 좋지 않은 성적을 자신의 노력 부족이 아니라 외부의 상황 탓으로 돌리곤 합니다.

이기적 편향은 우리의 본성이지만 그렇다고 해서 만연하게 두어서는 안 됩니다. 이러한 사고방식은 건설적인 비판 문화를 만들지 못하고, 비난을 위한 건강하지 못한 비판 문화를 만들 수 있습니다. 이는 곧 실수로부터 무언가를 배울 수 없다는 말이기도 합니다.

사람은 실수를 딛고 성장합니다. 실수를 통해 알게 된 부족한 점을 채워나갈 때 더 나은 사람이 될 수 있습니다. 하지만 실패하면 네 탓이라는 문화 속에서는 성장할 수 없습니다. 이런 생각을 하는 아이들이 많아지면 교실 환경 자체가 오염될 수 있습니다. 안 되면 남 탓이라고 해버리면 모둠 활동을 진행할 수도 없습니다.

게다가 이기적 편향은 다른 사람들의 필요와 행복을 저해하거나 무시하는 행동으로도 이어질 수 있습니다. 이것은 차별, 편견, 소외된 집단의 요구에 대한 무시를 포함하여 많은 면에서 나타날 수 있습니다.

진정한 나의 행복, 공감할 수 있는 우리를 만들기 위해서는 이기적 편향을 극복하기 위한 노력이 필요합니다.

첫째, 다른 사람들의 관점과 경험을 이해하고 존중하려 노력해야 합니다. 다양한 공동체에 대해 배우고 참여하며 경청하는 노력이 필요합니다.

둘째, 우리의 감정은 공유된다는 것을 인식해야 합니다. 한 사람이 고통받을 때, 그것은 우리 모두에게 영향을 미칩니다. 그래서 우리는 서로에게 더 친절하고, 서로를 더 감싸주어야 합니다. 자신이 대접받고 싶은 대로 다른 사람을 대해야 합니다.

셋째, 감사를 실천해야 합니다. 내가 가진 것에 감사하고, 나를 응원하고 지켜주는 사람들에게 감사해야 합니다. 혼자 힘으로 자란 사람은 세상에 없습니다. 내 주위 모든 사람의 노력과 정성이 모여 지금의 내가 있는 것입니다. 자신의 잘난 부분을 인정받을 수 있는 이유도, 그것을 인정해 주는 사람들이 있기 때문입니다. 주변에 인정해 주는 사람이 없다면 나의 잘난 면도 빛이 날 수 없습니다.

아, 진짜? 그럼 그렇게 해야지

- 팔랑귀

살다 보면 스스로 결정해야 할 것들이 많습니다. 하지만 스스로 결정하는 게 쉬운 일은 아닙니다. 가지고 있는 정보가 없거나, 정보를 이해하지 못한 경우 쉽게 결정을 내릴 수 없습니다. 실패에 대한 두려움도 있고 변화에 대한 두려움도 있습니다. 사회적 압력 때문일 수도 있습니다. 자신의 가치와 목표에 맞는 결정을 내리고 싶지만, 다른 사람들로부터 압력을 받아 결정이 힘들어질 수도 있습니다. 혹은 완벽주의처럼 너무 높은 기준을 가지고 있어서 조금이라도 흠이 있다고 생각하면 결정을 내리지 못합니다.

감정도 결정에 어려움을 줍니다. 감정은 판단력을 흐리게 하고 이성과 논리에 근거한 결정을 내리기 어렵게 만듭니다. 불안과 우울증 같은 정신건강 상태, 또는 스트레스 때문에 결정을 내리는 데 어려움을 겪을 수도 있습니다.

아이들도 스스로 결정하는 데 어려움을 겪습니다. 아이들은 주어진 상황에서 무엇이 최선인지 아는 경험이나 지식이 부족할 수 있습니다. 그리고 또래나 주변 어른들의 압박이나 힘에도 쉽게 영향을 받습니다. 비판적 사고, 문제 해결 능력, 충동 조절, 자기 행동의 결과를 고려하는 능력도 아직은 부족합니다.

아이들이 스스로 결정하는 데 어려움을 겪는 상황은 모둠 활동에서 두드러지곤 합니다. 아이들은 공통의 목표를 달성하기 위해 타협하고 협력하는 것에 어려움을 겪을 수 있습니다. 자신의 생각과 의견을 효과적으로 표현하기 위한 의사소통 기술이 부족할 수도 있고, 의견이 다를 때 상대방에게 상처를 주지 않으면서 말하는 방법을 모를 수도 있습니다. 또한 자신들이 학습에 책임을 지는 것에 어려움을 겪으며, 결정을 내려야 하는 상황에서는 교사에게 크게 의존할 수도 있습니다. 그러나 언제까지나 그런 상태에 머무르는 것은 아닙니다. 아이들은 성장하고 발달하면서 점차 부족했던 능력을 습득하고, 자신의 결정을 내리는 데에도 더 많은 독립성을 얻습니다.

결정이 필요할 때 다른 사람의 의견에 쉽게 휘둘리는 사람을 흔히 '팔랑귀'라고 합니다. 그들은 신념을 형성하는 데 어려움을 겪을 수도 있고, 주변 사람들의 신념이나 의견을 받아들일 수도 있습니다. 이는 자신의 생각에 대한 자신감 부족 때문일 수도 있고 특정 집단에 어울리고자 하는 욕구 때문일 수도 있습니다. 결과적으로, 다른 사람들의 의견에 따라 특정한 문제나 주제에 대한 입장을 바꿀 가능성이 더 높습니다.

내 생각에 비추어 다른 사람의 의견도 좋다면 그것을 문제 삼을 필요는 없습니다. 하지만 팔랑귀인 사람들은 다른 사람의 생각에 따라 자신의 입장을 정합니다. 이것은 큰 문제입니다. 다른 사람의 의견에 휘둘리는 것은 여러 가지 부정적인 결과를 불러옵니다.

첫째, 신뢰성을 잃을 수 있습니다. 다른 사람의 의견을 받아들임으로써 자신의 신념과 가치를 잃을 위험이 있습니다. 자신만의 신념이 없고 가치가 없는 사람은 진실하지 못하고 예측할 수 없는 사람으로 보일 것입니다. 그런 사람에게는 신뢰가 생기지 않습니다.

둘째, 성장의 기회를 놓칠 수 있습니다. 다른 사람들의 의견만을 기대하고 있다면, 자신의 생각과 아이디어를 탐구하고 의견을 개발할 기회를 놓칠 수 있습니다.

셋째, 의사 결정에 어려움이 생겨납니다. 끊임없이 입장을 바꾼다면 자신이 옳다고 믿는 것에 대해 결정을 내리고 행동을 취하는 것이 어려워질 수 있습니다.

넷째, 지도자가 될 수 없습니다. 쉽게 휘둘리는 사람은 우유부단하고 확신이 부족한 것으로 보일 수 있습니다. 이러한 사람은 지도자가 될 수 있는 기회를 놓칠 수밖에 없습니다.

다른 사람의 의견을 존중하고 다양한 관점을 고려하는 것은 중요합니다. 하지만 독자적인 사고를 기르고, 옳다고 믿는 것을 바탕으로 자신의 의견을 만들어내는 것은 무엇보다도 중요합니다.

가끔은 스스로에게 질문해 보는 것도 좋습니다. 나에게 가장 중요한 것은 무엇인지, 내가 따르는 것은 무엇인지 말입니다. 이를 통해 나는 어떤 가치를 가지고 있으며, 어떤 결정이 가장 가치 있는 것인지 생각해 볼 수 있습니다.

스스로 결정한다는 것은 말은 쉽지만 사실 굉장히 어려운 일입니다. 결정 뒤에 따라오는 일에 대해선 예측할 수 없기 때문입니다. 당연히 예상되는 결과는 없습니다. 한 치 앞도 모르는 게 인생 아닐까요. 모든 일이 그렇듯 스스로 결정하는 것이 어려운 일이라면 잘 해내기 위한 노력이 필요합니다. 그러기 위해서는 어떻게 해야 할까요?

첫째, 고민에 대한 다양한 관점을 찾고 가능한 한 많은 정보를 수집해야 합니다.

둘째, 여러 가지 경우가 있다면 각각의 장단점을 따져보고 그것이 자신의 신념과 얼마나 일치하는지 고려해야 합니다.

셋째, 때로는 본능을 믿는 것도 좋습니다. 정보가 모이다 보면 직감적으로 떠오르는 것들이 있습니다. 직감을 통한 결정은 성공도 실패도 모두 의미를 찾을 수 있습니다.

넷째, 책임질 각오를 해야 합니다. 자신의 결정을 믿고 긍정적이든 부정적이든 결과를 마주할 준비를 해야 합니다. 스스로 결정하는 것은 어려울 수 있지만 자신의 선택에 자신감을 가지고, 결정을 내린 자신의 능력을 믿어야 합니다.

안 될 거라 생각하니 안 되지

- 윌렌다 효과

시험은 늘 두렵습니다. 시험을 앞두고 표정이 좋은 아이들을 보기는 힘듭니다. 대부분의 시험은 아이들에게 스트레스와 불안의 원인이 됩니다. 시험이 예고된 수업이 시작되면 다들 시작부터 한숨을 푹 쉽니다. 그러면서 오늘 시험 볼 내용을 공부하지 못했네, 이번 시험은 망했네, 엄마한테 죽었다 등 비극적인 상황을 한탄합니다. 물론 말은 준비를 못 했다고 하면서도 사실 나름의 준비는 했을 것입니다. 그러나 항상 준비는 부족하게 느껴집니다. 이 정도 준비로 시험을 봐도 되는 건지 걱정됩니다. 높은 점수와 좋은 성적을 내야 한다는 압박감이 크기 때문입니다.

답을 추측하고, 지우고 다시 쓰고, 문제를 건너뛰는 등 시험을 보는 매 순간은 긴장의 연속입니다. 제출한 답을 친구들끼리 비교하다가 내 답만 유독 다를 경우, 거기서 오는 싸늘한 느낌은 다음 시험에까지 영향을 줍니다.

시험에 대한 부담감은 동기부여의 감소, 학습의 감소, 전반적인 행복의 감소로 이어지기도 합니다. 또 실수에 대한 두려움도 있습니다. 두려움은 스트레스를 유발하고 시험에 집중하는 것을 방해합니다. 결과적으로 더 많은 실수, 그에 따른 점수 하락으로 이어집니다.

사실 준비를 잘했다면 시험을 망칠 이유가 없습니다. 그러나 망쳐서는 안 된다는 과도한 부담감과 긴장, 불안을 느끼면 제 실력을 발휘할 수 없습니다.

과도한 걱정으로 인해 오히려 실수하는 경우를 '윌렌다 효과'라고 합니다. 이 효과는 미국의 유명한 곡예사 칼 윌렌다의 이름에서 따왔습니다.

최고의 공중곡예사였던 윌렌다의 공연에는 실수가 없었습니다. 문제는 작별 공연이었습니다. 작별 공연이다 보니 너무나 잘 해내고 싶었던 윌렌다는 공연 전부터 실패에 대한 걱정을 유독 많이 했다고 합니다. 이전까지 실수 없는 공연을 보여주었던 윌렌다는 정작 마지막 작별 공연에서 실수하면서 와이어에서 떨어져 사망했습니다. 그 후 심리학자들은 끝없이 심리 압박을 받으며 걱정하는 상태를 월렌다 효과라고 부르게 되었습니다.

　시험의 부담을 완전히 없앨 수는 없습니다. 그러나 평소 습관이나 마음가짐을 통해 부담을 줄일 수는 있습니다. 규칙적이고 좋은 습관은 시험의 부담을 줄이고, 성적을 올리는 데 도움이 될 수 있습니다. 어떤 습관이 필요할까요?

　첫째, 중요한 날짜, 과제 및 학습 자료를 파악해야 합니다. 언제 시험을 보는지, 어떤 자료가 필요한지 확인하는 것은 시험의 기본입니다.

　둘째, 미리 계획해야 합니다. 시험을 준비할 충분할 시간을 가지고 준비 일정을 계획해야 합니다. 그리고 계획을 지키기 위해 노력해야 합니다. 벼락치기는 되도록 피해야 합니다. 물론 단기간에 집중해서 망각 시간을 줄이는 것도 효과적일 수 있습니다. 하지만 막판 벼락치기는 스트레스를 증가시키고 정보의 기억력도 감소시킬 수 있습니다.

　셋째, 다양한 방법으로 배운 내용을 확인해야 합니다. 단순히 암기하는 것을 넘어 정보를 요약하고, 질문하고, 다른 사람에게 개념을 설명하는 것도 좋습니다. 아는 것을 말로 풀어내는 활동은 큰 도움이 됩니다.

　넷째, 방해 요소를 제거해야 합니다. SNS, TV, 게임과 같은 방해물을 제거하여 집중력을 유지해야 합니다.

　다섯째, 충분히 쉬어야 합니다. 휴식은 집중력, 기억력, 건강을 향상시키는 데 도움이 됩니다. 여섯째, 규칙적으로 운동하고 골고루 먹어야 합니다. 신체 활동은 스트레스를 줄이고 뇌 기능을 향상시키며, 영양가 있고 균형 잡힌 식단은 집중력과 건강을 향상시킵니다. 시험의 부담을 줄이는 열쇠는 균형 잡힌 건강한 생활 방식과 규칙적인 학습입니다. 제대로 된 준비는 자신감을 기르고 스트레스를 줄여주고, 시험에서도 더 나은 성적을 낼 수 있습니다.

시험을 망쳤다고 세상이 끝나는 것은 아니라는 것을 기억하길 바랍니다. 시험은 배우고 성장할 수 있는 기회이며, 미래의 도전에 더 잘 대비할 수 있는 기회입니다. 기회는 끝이 아니라 시작입니다. 이번 기회를 놓쳤다면 다음 기회를 준비하면 됩니다.

시험은 배운 것을 평가하는 것이지, 결과를 가지고 한 사람을 정의하는 것이 아닙니다. 시험을 잘 봤든 못 봤든 이번 시험의 결과일 뿐입니다. 비록 이번 시험은 망쳤지만, 다음엔 잘 해내리라 긍정적으로 생각하고 자신을 믿어야 합니다. 안 될 거라고 생각하면 정말 안 됩니다. 항상 된다는 자세, 할 수 있다는 자세를 가져야 정말로 할 수 있습니다.

다들 화를 내고 있어
- 걷어차인 고양이 효과

　살면서 한 번도 화를 내지 않은 사람은 없을 것입니다. 화는 모든 사람이 경험하는 자연스러운 감정입니다. 그러므로 모든 사람이 화를 내지만, 화를 내게 하는 이유와 상황은 각자 다릅니다. 그런데 어떤 사람들은 화를 잘 조절하지만, 어떤 사람들은 유독 잘 참지 못하고 화를 잘 내곤 합니다.

　먼저 충동적인 사람들입니다. 이런 사람들은 사물이나 상황을 깊이 생각하지 않고 감정에 따라 행동합니다. 그래서 성질을 조절하는 데 어려움을 겪곤 합니다. 감정적으로 민감한 사람들도 화를 잘 냅니다. 완벽주의자도 높은 기준과 계획대로 되지 않는 상황 때문에 화를 낼 수 있습니다. 만성 스트레스로 인해 화를 관리하지 못하는 사람들도 있습니다. 너무 강한 추진력, 심한 경쟁심을 가진 사람들은 약간의 장애물만 생겨도 화를 내며 좌절하기도 합니다.

화를 내는 것은 자연스러운 일이지만, 지나친 화는 분명 문제가 됩니다. 화가 지나치면 신체적, 정신적, 정서적으로 부정적인 결과를 가져올 수 있습니다. 만성적으로 화를 내게 되면 심박수, 혈압, 스트레스 호르몬 수치가 증가할 수 있으며, 이는 몸에 부담을 주고 심장병이나 뇌졸중의 위험을 높일 수 있습니다. 정신건강에도 좋지 않습니다. 화가 지속되면 우울, 불안, 짜증이 감정으로 이어지고, 삶을 즐기고 긍정적인 관계를 형성하는 능력을 방해합니다.

인간관계도 문제입니다. 화는 표현 방법에 따라 다른 사람에게 피해를 줄 수도 있고, 잠재적인 갈등이나 서운함이 쌓이게 합니다. 또한 화는 판단력을 흐리게 합니다. 그래서 명확하고 이성적인 결정을 내리기 어렵게 만들기도 합니다. 너무 많은 화를 내는 스스로에 대한 부정적인 감정으로 자존감이 떨어질 수도 있습니다.

한 사람이 화를 내면 그 행동과 감정이 주변 사람들에게 영향을 미칩니다. 영향을 받은 사람들도 화를 내게 되고, 다시 주변에 영향을 줍니다. 이렇게 화는 한 사람에서 다른 사람으로 퍼지기도 합니다. 이러한 상황을 '걷어차인 고양이 효과'라고 부릅니다. 한 사람의 화가 다른 사람에게 연달아 퍼지고, 마지막에 화를 당한 사람은 뒹굴고 있던 고양이를 발로 차며 화풀이한다는 이야기를 이용하여 감정의 전염을 묘사한 것입니다.

이런 상황은 가족, 친구, 직장 등 다양한 사회 환경에서 일어날 수 있습니다. 화는 강자로부터 약자에게로 전해집니다. 그 약자는 자기보다 더 약자에게 화를 전달합니다. 아이들은 꾸중을 들으면 그 화를 풀기 위해 물건을 찾기도 합니다. 교실에 있는 장난감이나 책상, 의자, 책, 여러 소지품들을 던지거나 부수는 경우도 있고, 다른 아이를 괴롭히는 경우도 있습니다. 이는 잘못된 것이지만 아직 아이들은 감정을 조절하는 법을 배우고 있는 단계이므로, 아이들의 화에 대해 화를 내면 문제가 더 악화될 수도 있습니다.

화를 화로 덮지 않고 풀기 위해서는 다른 방법이 필요합니다. 화를 내는 아이가 좋아하는 것을 제공하거나, 산책을 하는 것처럼 긍정적인 방법으로 화를 풀 수 있도록 해야 합니다.

화를 조절하는 것은 어려운 일이지만 화가 퍼져나가는 것은 막아야 합니다. 그러기 위해서는 감정을 조절하고 관리하는 방법을 알아야 합니다.

우선 화가 날 경우 잠시 멈춰서 심호흡을 하면 좋습니다. 화가 날 때 심호흡을 하라는 말은 너무 많은 들어온 말이라, 오히려 너무 뻔하다고 생각해서 무시해 버리기도 했습니다. 그러나 막상 해보니 기대 이상으로 마음이 진정되는 것을 느낄 수 있었습니다. 심호흡은 화가 났던 순간이 아닌 현재에 집중하게 만들어주기 때문에 몸과 마음을 진정시키고 화를 줄이는 데 도움을 줄 수 있습니다.

신체 활동을 하는 것도 좋습니다. 운동은 쌓인 긴장을 풀어주고 기분을 좋게 만들어줍니다.

긍정적인 말을 하는 것도 도움이 됩니다. 긍정적인 말은 긍정적인 생각을 부릅니다. 부정적인 생각을 버릴 수 있다면 화도 줄일 수 있습니다. 또 믿을 수 있는 사람과 대화하는 것도 좋습니다. 친구, 가족 또는 전문 상담사와 화에 대해 이야기를 나누다 보면 자신을 객관적으로 볼 수 있고 무엇을 조정해야 할지 파악하고 화에 대처할 수 있습니다.

화를 조절하는 방법은 여러 가지가 있지만, 사람마다 화를 내는 이유가 다른 것처럼 가장 잘 맞는 방법도 다릅니다. 그래서 화가 날 때마다 나는 어떤 방법에 마음이 좀 더 누그러지는지 파악해 두는 것이 좋습니다.

나 하나쯤이야
- 사회적 태만

교실에서는 토의·토론이나 조사, 작품 만들기 등 다양한 모둠 활동이 이루어집니다. 이러한 활동들은 학생들이 협동, 의사소통, 그리고 문제 해결 기술을 배우는 데 도움을 줍니다. 교사의 입장에서 모둠 활동에 거는 기대도 있습니다. 여럿이 힘을 모으니 아무래도 개인 활동보다는 결과물이 좋을 것이라 기대합니다. 또 활동을 어려워하는 친구를 돕고 함께 이끌어가는 모습을 상상하면, 학습과 인성이라는 두 마리 토끼를 동시에 잡는 보람찬 시간이 될 것이라 기대합니다.

그러나 현실은 그리 낭만적이지 않습니다. 일부 아이들의 경우, 개별 활동보다 모둠 활동이 오히려 의욕을 떨어뜨리는 경우도 있습니다. 이런 아이들은 자신의 참여나 수고가 가치 없게 다루어지거나 모둠원의 비협조적인 태도 등으로 활동이 제대로 이루어지지 않으면 동기를 잃기도 합니다. 또 개인적인 성과에 대해 평가받는 것을 선호하는 아이들은 모둠 활동에 흥미를 덜 느낄 수도 있습니다. 개별 활동이 결과에 대한 책임감이 더 뚜렷한 것도 사실입니다. 활동을 오롯이 자신이 통제할 수 있다는 것도 동기를 키울 수 있습니다. 자신의 능력에 확신이 있는 아이들의 경우, 개별 활동을 통해 자신감을 느끼고 더 집중할 가능성이 높습니다.

모둠 활동이 학습 동기를 떨어뜨리는 또 다른 이유는 바로 구성원 간 친밀도입니다. 아이들의 심장을 깊은 곳에서부터 두근거리게 하는 몇 안 되는 활동이 있습니다. 그중 하나가 바로 자리 바꾸기입니다.

같은 교실에 있다고 해서 모두가 친한 것은 아닙니다. 막상 자주 이야기를 나누는 친구들은 원래 친했던 친구들이 보통입니다. 저는 보통 한 달에 한 번 정도 자리를 바꾸게 합니다. 너무 가까워서 말썽인 관계가 있는 반면, 새로운 관계가 필요한 경우도 있습니다. 자리 바꾸기를 통해 물리적 거리를 조정하면 아이들의 교우 관계에 의미 있는 충격이 될 수 있습니다. 친한 친구와 다시 가까운 자리에 앉게 되어 기쁘기도 하고, 평소 자주 부딪히는 친구와 같은 모둠이 되면 시작부터 냉랭하기도 합니다.

특히 냉랭한 모둠은 표정부터 다릅니다. 한숨 소리도 푹푹 들립니다. 시작부터 모든 의욕을 바닥에 내려놓은 것 같은 모습을 보여줍니다. 당연히 모둠 활동이 제대로 이루어질 수 없습니다. 그렇다고 해서 그 모둠만 자리를 바꾸는 것도 쉽진 않습니다. 그렇게 하면 다른 아이들도 자리를 바꿔달라고 아우성치니까요. 신기하게도 자리 바꾸기는 모든 아이들의 의견을 반영해도 꼭 불만이 나옵니다.

이 외에도 모둠 활동이 학습 동기를 떨어뜨리는 이유는 많습니다. 상대적으로 학습 능력이 떨어지는 아이들로만 모둠이 구성된 경우, 또 모둠 활동에 대한 구체적인 지시가 부족한 경우 아이들은 활동 자체에 무관심해지거나 동기나 노력이 줄어들 수 있습니다. 교사가 제대로 감독하지 않을 때도 마찬가지입니다. 알아서 하라는 식으로 놔두는 경우, 알아서 잘하면 좋겠지만 일부 아이들은 교사의 감시가 사라지기만 기다렸다는 듯 떠들어대거나, 산만해지고 활동과 관련 없는 행동을 하기도 합니다.

모둠 내 학습 능력이나 기술의 격차가 큰 경우에는 다소 능력이 부족한 아이들은 낙담하고, 동기가 감소하기도 합니다. 모둠 내 일부 아이들의 발언권이 너무 강한 경우에는 함께 하는 다른 아이들이 말로는 잘 표현하지 않아도, 참여할 동기를 잃어버릴 수 있습니다. 또 실패에 대한 두려움도 있습니다. 다른 사람들 앞에서 실수를 하고 비난이나 평가를 받는 것을 두려워하기도 합니다.

개인이 단체로 일할 때 혼자 일할 때보다 노력을 덜 기울이는 경향이 있는 현상을 '사회적 태만'이라고 합니다. 자신의 노력이 주목받지 못하거나 집단에 영향을 미치지 못할 것이라고 판단하면 모든 노력을 쏟겠다는 생각이 들지 않기 때문에 발생하는 일입니다. 사회적 태만은 직장, 학교 등 단체가 존재하는 환경이라면 흔한 현상입니다.

그렇다고 마냥 손을 놓고 있을 수는 없습니다. 사회적 태만에 빠진 아이들이 다시 활동적으로 변할 수 있도록 격려하는 방법들이 있습니다. 모둠 활동은 짧고 재미있게 구성합니다. 짧은 흥미를 보이는 것만으로도 충분히 활동이 가능해야 합니다. 노력에 대한 보상도 중요합니다. 성공의 재미를 느끼게 하려면 큰 일을 작은 일로 나눠주는 것도 좋습니다. 무엇보다 모둠 활동을 통해 기대하는 것이 무엇인지, 모둠 아이들은 어떤 생각을 가지고 있는지 등 서로 이야기를 나누는 시간을 가지도록 해줍니다. 그리고 모둠 활동이 자신에게 어떻게든 도움이 될 거라는 확신을 가질 수 있도록 합니다. 이런 노력이 사회적 태만을 줄일 수 있습니다.

그럴듯한 이야기
- 바넘 효과

우리는 종종 심리테스트나 성격유형검사 같은 테스트를 하곤 합니다. 재미 삼아 해보지만, 매번 결과가 비슷하게 나오는 것 같아 신기하기도 합니다. 사실 모든 사람은 자신만의 고유한 특성을 가지고 있으며 각자 다른 모습을 보입니다. 하지만 이런 테스트는 몇 가지 유형으로 사람을 나눈다는 것이 문제입니다. 우리는 각자 자신만의 유형을 가지고 있으며, 네 가지 유형 중 하나에 해당하는 사람이 아닙니다.

그럼에도 사람들은 테스트 결과가 자신의 성격을 잘 보여준다고 믿는 경향을 보입니다. 그것은 '바넘 효과' 때문입니다. 누구에게나 해당

되는 일반적인 말이지만 본인에게만 적용된다고 착각하여 믿게 되는 현상을 일컫는 용어입니다. 혈액형별 성격 유형이나 별자리 운세, 점, 타로, MBTI 검사 등이 자신을 잘 설명해 준다고 믿는 것이 바넘 효과에 해당합니다. 그중에서도 MBTI 검사는 여러 매체에 소개되고, 많은 사람이 검사를 통해 자신의 성향을 소개하는 등 크게 유행하고 있기도 합니다. 혈액형이나 별자리에 비해 좀 더 그럴듯한 검사과정을 거치며, 결과도 상대적으로 세분화되어 있어 자신의 성향을 더 잘 나타내는 것처럼 생각될 수 있습니다. 하지만 다른 심리 지표에 비해 신뢰도나 타당도가 떨어진다는 비판도 있습니다. 검사 후 재검사에 대한 신뢰성도 매우 낮은 경향이 있습니다.

사실 우리가 접하는 대부분의 테스트는 관련 기관을 방문하여 검사하는 것이 아니라 인터넷에서 무료로 제공하는 간이형 검사입니다. 몇 가지 질문에 답을 하고 나면 응답자가 어떤 성향을 보이는지 결과가 나옵니다.

이런 검사 결과를 신뢰할 수 없는 이유는 다시 검사했을 때에는 결과가 달라지는 등 일정하지 않기 때문입니다. 나름 객관적으로 응답했다고 하지만, 검사 당시의 기분이나 검사 전 상황 등 검사에 영향을 주는 것들이 있기에, 같은 문장이라도 응답이 달라질 수 있습니다. 그러한 영향을 줄이기 위해 더 많은 문항을 제공할 수도 있겠지만, 인터넷에서 실시하는 간이형 검사에선 찾아보기 어렵습니다.

살다 보면 크고 작은 일로 인해 마음이 심란해질 때가 있습니다. 그럴 때면 나도 모르게 누군가에게 의지하고 싶어집니다. 친구한테 털어놓자니 자존심 상하고, 가족한테는 걱정을 끼치기 싫어 혼자 끙끙 앓습니다. 그러다가 우연히 용하다는 점집을 발견하면 지푸라기라도 잡는 심정으로 찾아가곤 합니다. 그리고 신기하고 신통방통하게도 족집게처럼 맞추니 믿음이 갈 수밖에 없습니다.

하지만 점술가는 실제로 그 사람을 꿰뚫어 보고 하는 말이 아닙니다. 누구에게나 적용될 수 있는 애매한 이야기를 들려주고, 듣는 이는 자신에게 맞추어 생각하는 것입니다. 귀에 걸면 귀걸이, 코에 걸면 코걸이입니다.

며칠 전 우연히 TV 프로그램을 보다가 깜짝 놀랐습니다. 연예인 패널들이 단 몇 분 만에 출연진의 성격을 판단 내리는 장면을 보았기 때문입니다. 심지어 전문가라는 사람조차 예외가 아니었습니다. 물론 방송이라는 특성상 재미를 추구하느라 어쩔 수 없다는 건 이해합니다. 하지만 이건 좀 아니지 않나 싶었습니다. 상대방의 진면목을 제대로 알지도 못하면서 섣불리 단정 짓는 건 위험합니다. 그렇지 않아도 우리는 누군가를 쉽게 판단하려는 경향이 있기 때문입니다.

저도 예전에는 그런 식으로 사람을 평가한 적이 있었습니다. 충분히 그럴만한 근거가 있는 결과라고 생각했기 때문입니다. 하지만 지금 생각해 보면 참 어리석었다는 생각이 듭니다. 물론 그런 검사들이 전혀

일리가 없는 것은 아닐 겁니다. 그 덕분에 나도 몰랐던 나의 어떤 부분을 알 수도 있고, 상대방의 입장에서 이해하는 데 도움이 될 수도 있습니다. 다만 주의해야 할 점은 모든 검사가 그렇듯 맹신하면 안 된다는 것입니다. 어디까지나 참고용으로만 활용해야지, 지나치게 의존해선 곤란합니다. 자칫 편견이라는 함정에 빠질 수도 있기 때문입니다.

따라서 보다 객관적인 시선으로 바라보아야 합니다. 그리고 사람을 볼 때 이왕이면 긍정적인 면을 보려고 노력하면 좋겠습니다. 그래야 마음이 편안해지고 여유로워질 테니 말입니다.

열 길 물속은 알아도 한 길 사람 속은 모른다

열 길 물속은 알아도 한 길 사람 속은 모른다는 속담이 있습니다. 그만큼 사람의 마음을 아는 것이 어렵다는 말입니다. 우리는 살면서 다른 사람들과의 상호작용을 통해 자신도 모르는 사이에 끊임없이 영향을 받고 살아갑니다. 어릴 때 부모님으로부터 받은 교육방식에서부터, 현재 내가 가지고 있는 가치관 및 신념까지도 모두 타인에게서 비롯된 것입니다. 그렇다면 나는 얼마나 남들에게 영향을 끼치고 살아가고 있을까요?

우리는 자신만의 삶을 살아가기 위해서라도 다른 사람들을 이해해야 합니다. 타인은 나와 전혀 다른 환경에서 자라왔고, 생각 또한 다르

기 때문입니다. 그렇기 때문에 무조건적인 비난보다는 서로 다름을 인정하고 존중하며 살아가야 합니다. 만약 이러한 태도를 가질 수 있다면 타인과의 관계에서 오는 어려움을 극복할 수 있을 것입니다.

'다름'을 인정하는 것은 인간관계뿐만 아니라 모든 사회생활에서 중요합니다. 그럼에도 많은 사람이 갈등 상황이나 문제 상황에 놓였을 때, 상대방을 배려하지 않고 자기주장만을 내세우곤 합니다. 이는 스스로 옳다고 믿는 가치관, 또는 신념이라 하더라도 때로는 주변 사람들에게 상처를 줄 수 있다는 사실을 간과하기 때문입니다. '내가 옳다.'라고 확신할수록 오히려 마음속 분노로 인해 평정심을 잃을 수도 있고, 지나친 고집으로 소중한 인연을 잃게 될 수도 있습니다. 또한 한번 잃어버린 인연은 쉽게 회복하기 어렵다는 점에서 위험하다고 할 수 있습니다.

우리는 상대방이 어떤 생각을 하는지, 그 속을 다 알 수 없습니다. 하지만 상대방의 의견을 경청할 수는 있습니다. 그리고 자신의 생각을 더 부드럽게 표현할 수도 있습니다. 서로 존중한다면 어떠한 갈등 상황도 현명하게 대처할 수 있을 것입니다.

No.21 김경희 글 | 홍종남 기획

교사에게는
제자가 있다

No.22 엄주하 글 | 홍종남 기획

학교 속의 힐링캠프,
보건교사 사용설명서

No.23 권경희 · 노미향 글

교육연극, 프로젝트 수
업을 만나다

No.24 박재찬 글 | 홍종남 기획

학생참여수업, 배움을
디자인하다

No.25 최현정 글 | 홍종남 기획

발칙한 성교육,
학교를 품다

No.26 김동렬 글 | 홍종남 기획

교사 20년,
배움을 디자인하다

No.27 부재율 · 정민수 글

교육평가 콘서트,
배움을 디자인하다

No.28 이경원 글 | 홍종남 기획

학급의 탄생

No.29 신지승 글 | 홍종남 기획

교육과정 문해력,
교사 전문성을 완성하다

No.30 최무연 글 | 홍종남 기획

학생중심수업,
교육과정을 디자인하다

No.31 강하은 글 | 홍종남 기획

나는 1년 차 교사입니다

No.32 표혜빈 글 | 홍종남 기획

학생참여수업,
수업 생동감을 만나다

No.33 조윤 글 | 홍종남 기획

교사에게
철학이 필요한 순간

No.34 김경훈 글 | 홍종남 기획

슬로리딩수업,
토의토론을 만나다

No.35 정민수 · 홍근하 글

나는 선생님이
처음입니다

No.36 권경희 글

수업의 모든 것,
수업을 탐하다

No.37 이호창 글

교사교육과정,
수업전략을 만나다

No.38 신지승 글

교육과정 재구성,
프로젝트 수업을 탐하다

No.39 장대희 글

교사의 회복탄력성,
배움을 디자인하다

행복한미래

함께하는 교육, 100년의 약속

교실 심리학에 초대합니다!